Antoine JEANCOURT-GALIGNANI

LA FINANCE DÉBOUSSOLÉE

Odile Jacob

À mes compagnons de la Banque Indosuez,
en souvenir d'une passion partagée.

Introduction

Les Français aiment gagner, et qu'on en parle. Ils comptent et fêtent leurs champions dans le sport, l'aventure, la science et depuis quelque temps l'économie. C'est un trait formidablement positif de notre tempérament national, même s'il nous fait paraître vaniteux à nos voisins. Malgré nos divisions et nos dénigrements de toujours, le goût de la compétition et l'appétit de la victoire expriment la confiance dans le pays et dans son avenir. En économie, plus d'une réussite témoigne de ce dynamisme et nous pouvons nous vanter d'un fort peloton de champions mondiaux. On veut dire par là des entreprises qui, dans leur industrie, figurent durablement parmi les trois ou quatre plus puissantes dans le monde. Mais aussi de celles dont les hommes et les femmes, dirigeants, cadres, experts, sont respectés par leurs pairs pour leur savoir-faire et leurs performances. Depuis longtemps Michelin, Carrefour, L'Oréal, Bouygues figurent dans cette catégorie. Lafarge, Total, Vivendi Universal peut-être, les rejoignent aujourd'hui et d'autres encore. Parmi les grands monopoles de services publics aujourd'hui mis en concurrence, EDF avait voilà longtemps conquis ce statut aux yeux des électriciens du monde entier. Chacune de ces entreprises a son histoire, ses pionniers, l'alchimie particulière de son succès. Mais toutes ont été portées par un accord profond et durable entre leurs propriétaires, leurs patrons et la stratégie qu'ils mettaient en œuvre. Actionnaires familiaux étonnamment présents derrière ces réussites, actionnaires privés ou institutionnels, collectivité nationale s'investissaient dans les projets que plusieurs générations de dirigeants leur proposaient et en assumaient avec eux les espoirs et les risques.

Ce fut aussi le cas, dans la finance, d'Axa, la seule entreprise française à cette date qui compte parmi les majors mondiaux. D'autres candidats pourtant se pressent, encouragés par les ministres toujours partagés entre l'aversion pour les métiers d'argent et la crainte de l'invasion de l'étranger, même européen. Mais tous paraissent oublier cette clé essentielle du succès : une certaine concordance entre le statut de l'entreprise, le profil de ses chefs et la stratégie qu'ils veulent conduire. On entend ainsi les mêmes, côté cour, jurer fidélité éternelle au mutualisme non lucratif et, côté jardin, promettre à des actionnaires privés les profits les plus élevés. D'autres affichent leur attachement passionné au statut nationalisé mais se définissent le lendemain comme la plus ambitieuse multinationale de la finance. Au sein même du secteur privé ne voit-on pas la plus commerciale de nos grandes banques se coiffer des plumes du banquier d'affaires cependant que celui-ci cultivait naguère la vente à tempérament ?

C'est cette perte de repères de l'industrie financière française depuis vingt ans qui a inspiré ce livre. Pendant cette période, le métier a été tiraillé entre l'étatisation et la privatisation, l'ouverture vers le monde et le combat des parts de marché intérieur, la reconstitution des profits et les traditions non lucratives. Il y eut même déjà la grande illusion. En 1991, à la satisfaction des autorités, le Crédit lyonnais se targuait d'être la plus grosse banque du monde par la taille de son bilan. Il en coûtera 100 milliards de francs aux contribuables français. Aujourd'hui encore les identités affichées ne correspondent pas toujours aux réalités ni surtout aux projets. Or, les malentendus ne sont pas de bon augure pour les longues expéditions ou les mauvais vents alternent toujours avec les bons. Peut-être cette confusion n'est-elle qu'une transition vers une organisation plus authentique, comme on l'a vu ailleurs. Peut-être pas, tant nous sommes conservateurs et attachés aux symboles qui confortent nos préjugés lorsqu'il s'agit de la finance. Pourtant, en dépit de leurs turbulences propres, les Français n'ont pas été les moins actifs ni les moins imaginatifs dans l'extraordinaire mutation de la banque, de l'assurance et de la Bourse que le monde a vécu ces dernières années. Leurs talents mériteraient de s'épanouir désormais dans un environnement plus apaisé et plus véridique où de vrais champions européens et peut-être mondiaux pourraient encore émerger.

Écrit par un acteur, parmi d'autres, de cette histoire de la finance française de ces dernières années, ce livre n'est pas une œuvre universitaire. S'il tente une analyse critique et s'attache à défendre une idée, il emprunte beaucoup aux expériences et aux souvenirs de l'auteur. Je rapporterai des événements auxquels j'ai été mêlé depuis 1965, au Trésor, dans la banque à Paris et un peu à New York, dans l'assurance enfin. Je parlerai aussi avec amitié, me semble-t-il, des hommes rencontrés au long de cet itinéraire de plus de trente-cinq ans dans les métiers de la finance.

PRÉLUDE

Le couloir du limogeage

Dans l'émotion générale, peu de gens remarquèrent que l'élection de François Mitterrand le 10 mai 1981 avait fait une victime mortelle. Quelques jours plus tard, Michel Caplain, président de la Compagnie financière de Suez et de la Banque de l'Indochine fut terrassé par une attaque cardiaque. Lui qui avait vécu en Égypte les nationalisations de Nasser refusa jusqu'au dernier moment de croire à celles de Mitterrand. L'élection gagnée, elles furent tout de suite confirmées : son cœur fragile n'y résista pas.

Michel Caplain et Jack Francès pilotaient alors ensemble le Groupe Suez qui constituait à l'époque, avec Paribas, l'un des deux premiers groupes financiers français, riche de nombreuses participations dans la banque, l'immobilier et l'industrie. Bien avancés dans la soixantaine, les deux hommes étaient issus l'un et l'autre de l'Inspection des Finances mais avaient fait l'essentiel de leur carrière dans le secteur financier privé. Ils s'étaient rejoints dix ans plus tôt lorsque le Suez avait absorbé un groupe de banques moyennes constitué patiemment par Jack Francès depuis les années 1950. Très proche d'eux se tenait le directeur général du Suez, Philippe Malet, ingénieur du Corps des Mines passé par le cabinet du général de Gaulle, qui gérait les intérêts minoritaires mais substantiels du Suez dans l'industrie.

Francès était aussi pessimiste que Caplain était optimiste. Prévoyant la nationalisation selon les termes du Programme commun de la gauche, il avait secrètement agencé la scission du Suez, explicitement visé par le programme, et de sa compagnie d'assurances, Victoire. Le lendemain même de l'élection, les conseils d'administration de sociétés financières inconnues du public, peuplés d'amis sûrs et dûment autorisés longtemps auparavant par leurs actionnaires, enclenchaient des transactions complexes et sans échange monétaire qui réduisait à 30 % la part de la Compagnie de Suez dans le groupe Victoire. C'était désormais Jean-Marc Vernes et Marc Fournier, deux des hommes d'affaires les plus en vue à l'époque, qui contrôlaient Victoire, outre une société dite « du Centenaire Blanzy », savante boucle actionnariale sous le contrôle direct de Jack Francès, mais financée par tous les autres, y compris bien sûr le Suez lui-même. L'affaire fut menée dans la plus grande discrétion et ne fut vraiment mise au jour que par Georges Plescoff, nommé président du Suez par le gouvernement huit mois plus tard. Venant des AGF, Georges Plescoff fut profondément irrité de se trouver impuissant dans le secteur d'activité qu'il affectionnait le plus. Il tenta un moment de faire un scandale, à la manière de Paribas Suisse, somme toute plus modeste. Mais les temps avaient changé et il faudra près de dix ans au Suez pour reprendre le contrôle de Victoire à l'issue d'une furieuse et coûteuse OPA qui fit faire à Jean-Marc Vernes une des fortunes successives qu'il reperdait par la suite.

En mai 1981, Jack Francès ne voulait donc en aucune manière prendre la présidence de la Compagnie de Suez et c'est à Philippe Malet, le directeur général, qu'elle échut naturellement. Avant même que se tînt le conseil de nomination, Philippe Malet me fit venir : « On me dit de source sûre que les nouveaux Maîtres hésitent à nationaliser les compagnies financières, du moins le Suez, plus industriel. Nous pourrions nous en tirer avec l'envoi d'un commissaire du gouvernement. Ils en ont surtout aux banques. Dans ces conditions, je ne dois pas cumuler les deux présidences, comme le fit Michel Caplain. Voulez-vous être président de la Banque de l'Indochine et de Suez ? Vous serez nationalisé et sans doute jeté dehors, mais vous êtes jeune. Qu'en dites-vous ? »

J'étais abasourdi. Voilà deux ans que j'avais répondu à l'offre de Michel Caplain et Jack Francès de prendre la direction générale de la Banque. Venant du Crédit agricole, dont j'avais vécu pendant sept ans le puissant décollage auprès de Jacques Mayoux puis de Jacques Lallement, j'aspirais profondément à l'air du grand large. L'histoire et surtout le futur possible de la Banque de l'Indochine me fascinaient. Le présent, plus aride, était celui d'une fusion difficile avec les gens du Suez et je m'y étais attelé vigoureusement. Mais il avait toujours été entendu que le chef du groupe cumulerait les présidences de la compagnie et de la banque. Une fenêtre s'ouvrait là qui menait peut-être à la roche tarpéienne mais qui me permettait de poursuivre la mission que j'avais choisie. Je ne réfléchis pas longtemps. Oui, répondis-je, je serai le prochain président de la Banque de l'Indochine et de Suez, que je rebaptiserai vite « Indosuez ».

L'offre de Philippe Malet me surprit aussi par sa motivation. Ainsi pensait-il encore que la Compagnie de Suez pouvait échapper à la nationalisation ? Quels émissaires avait-il reçus ? Quelle foi donner à leurs propos ? Quelle contrepartie exigeraient-ils ?

En réalité, dès le lendemain du 10 mai nous étions entrés dans le temps de l'attente, des fausses rumeurs, des intermédiaires inutiles, des stratagèmes enfantins, des espérances vite déçues, des craintes trop bien fondées. Tous nous étions condamnés, tous nous serions exécutés à la seule exception d'un industriel. Mais en ce printemps et cet été 1981, beaucoup refusaient l'évidence.

Quelques jours après que Philippe Malet prit la tête de la compagnie mère, je fus donc nommé administrateur puis président par le conseil de la banque où figuraient autour du marquis de Flers, président d'honneur, quelques noms illustres de la place de Paris. Alors que je les remerciai, une forte délégation CGT, bousculant les huissiers, s'invita dans la salle du conseil et nous accabla d'insultes et de menaces aux accents de soviet. Comme ils n'acceptaient pas de sortir, je dus lever la séance. Mes distingués administrateurs me serrèrent la main tristement et s'en allèrent en cortège par le bel escalier qu'un disciple de Garnier avait dessiné au début du siècle pour le siège de la Banque de l'Indochine.

Ma nouvelle fonction me faisait aussitôt membre du conseil de l'Association française des Banques dont Pierre Ledoux, prenant sa retraite de la BNP, était récemment devenu président. Celui-ci m'informa tout de suite qu'un comité secret des chefs des grandes banques nationalisables allait se réunir et que je devais y participer. Ce groupe comprenait les présidents de Paribas, d'Indosuez, du CCF, du CIC et du Crédit du Nord. Les trois grandes banques, BNP, Crédit lyonnais et Société générale, déjà nationalisées, n'y participaient pas. Pourtant l'État allait décider de racheter les quelques pourcentages de titres déjà timidement placés auprès du personnel puis du public. Il allait également, mais nous ne le savions pas encore, renouveler leurs présidences, comme toutes les autres. Les banquiers propriétaires, Rothschild, Worms, Hervet, Lebon (UBP) ne figuraient pas non plus dans le groupe. Leurs intérêts patrimoniaux étaient sans doute différents mais ils manquaient d'information si bien qu'ils se plaignirent d'être tenu à l'écart.

De juin à novembre 1981, Pierre Ledoux nous réunit plusieurs fois dans une salle de l'entresol de l'immeuble de l'AFB, rue La Fayette, où nous nous rendions avec des mines de comploteurs. Très vite, le président du CCF, Jean-Maxime Levêque, s'imposa. Il s'était distingué depuis plusieurs années par son combat vigoureux et au grand jour des projets de nationalisation bancaire. Sa dernière initiative avait été de publier dans la presse de grands placards publicitaires où apparaissait seulement la liste des pays du monde qui avaient nationalisé toutes leurs banques : Union Soviétique, Pays de l'Est, Guinée, Ouganda, Birmanie, Viêt-nam… En rien démonté par l'élection, il proposa tout de suite d'engager une nouvelle phase du combat en organisant une sorte de soulèvement de la société économique contre la nationalisation avant le vote des lois qu'on attendait vers la fin de l'année. Son dispositif était prêt : une association d'entreprises était déjà créée et M. Véron, président d'une grosse PME de jouets, proche du CCF, en prenait la présidence. Jean-Maxime Levêque nous pressait d'inviter des dizaines d'entreprises clientes à rejoindre l'association. Il prévoyait pour octobre une manifestation monstre qui ferait réfléchir puis reculer la majorité parlementaire. Simultanément, il fallait mobiliser les journalistes favorables à la cause de la liberté économique et sponsoriser discrètement l'écriture d'un livre. De l'argent était nécessaire, bien sûr, pour mettre en branle toutes ces colonnes. Il ferait auprès de nous la collecte. Il était temps, disait-il, de brûler les caisses noires accumulées au cours de ces dernières années.

Sa combativité, presque joyeuse, nous laissa pantois. Très vite elle inquiéta Pierre Ledoux. Le « Chinois », comme on l'appelait dans son ancienne maison, n'avait bien sûr aucune objection de principe aux entreprises nationalisées où s'était déroulée toute sa carrière. Il en connaissait les contraintes mais aussi la douceur de vivre qu'il avait éprouvée pendant vingt ans à la BNP. Pour le moment, il s'agissait d'abord d'assumer et bien sûr de conserver la toute jeune présidence de l'AFB où ses pairs l'avaient élu. La guérilla où Jean-Maxime Levêque voulait l'entraîner la mettait en péril. Dans la France de l'époque, un président d'organisation professionnelle ne pouvait se brouiller avec les pouvoirs publics ni même d'ailleurs avec « les bureaux ». Mais le conflit était en l'occurrence de taille. Habile tacticien, Pierre Ledoux décida de prendre la tête de la fronde pour mieux la canaliser. Très vite, il nous annonça qu'une nationalisation intégrale et brutale était hors de question, qu'il avait des informations encourageantes à cet égard et que sa fonction professionnelle d'aujourd'hui comme tout son passé le qualifiait mieux que quiconque pour conduire avec les autorités, et d'abord avec le ministre des Finances, son cabinet et la direction du Trésor, les négociations propices. Le propos était tellement naturel pour nous, tous issus de l'administration des Finances, que dans un premier temps nous lui fîmes crédit.

Très vite, il apparut que la chère « rue de Rivoli », dont nous connaissions si bien les détours, était impuissante à négocier quoi que ce soit et le nouveau président de l'AFB ne parvint même pas à sauver son fauteuil.

Dominique Chatillon, président du CIC, et Antoine Dupont-Fauville, du Crédit du Nord, étaient l'un et l'autre profondément choqués. Dominique Chatillon avait courageusement entrepris de mieux organiser son groupe, à l'époque filiale du Suez comme ma propre banque, et surtout de redresser le CIC-Paris affaibli par des années d'indolence et que le passage éclair de Jean-Pierre Fourcade n'avait pas vraiment arrangé. Sa santé alors fragile se ressentit de cette brutale interruption. Antoine Dupont-Fauville avait été le directeur du cabinet de Michel Debré au ministère des Finances. Il avait efficacement coordonné le considérable travail de réforme financière entrepris de 1966 à 1968 et briguait légitimement la direction du Trésor. Mai 1968 avait brisé sa trajectoire et après un passage encore décevant pour lui à la direction du Crédit National, il avait dressé sa tente au Crédit du Nord où il avait mis à profit ses attaches familiales dans la région. Une nouvelle fois, la politique fondait sur lui et menaçait de le remettre sur la route.

Dominique Chatillon et Antoine Dupont-Fauville, pas vraiment rassurés par le discours lénifiant de Pierre Ledoux, étaient impressionnés par l'incroyable aplomb de Jean-Maxime Levêque. Tel n'était certes pas le cas de Pierre Moussa, président de Paribas depuis 1978. Très présent au début de nos réunions, il s'en éloigna ensuite. Il fut très vite clair qu'il jouait un autre jeu. Il voulait en tout cas casser l'offensive Levêque à laquelle il ne croyait pas et qui, de toute évidence, contrariait ses propres plans. Tantôt normalien agile démontant l'irréalisme des actions proposées, tantôt banquier levantin leur opposant un œil morne et un visage silencieux, il tenait dans notre groupe le rôle singulier que Paribas estimait depuis toujours être le sien sur la place de Paris. Au fond n'était-il pas surpris ni vraiment affligé que soient nationalisées à leur tour les banques commerciales moyennes ni même cette Banque de l'Indochine qui avait la prétention de renaître de ses cendres de Saigon. Seul importait le sauvetage de Paribas, l'unique banque d'affaires française, forte de ses relations internationales – l'alliance avec Warburg bien sûr, mais aussi les connections arabes – et initiatrice de tant d'opérations utiles pour l'économie nationale. La gauche saurait reconnaître que Paribas ne lui était pas hostile, loin de là ; l'un de ses conseillers les plus éminents, Claude de Kemoularia, n'était-il pas proche du nouveau président ? Et la chance voulait qu'en 1981 le groupe fût présidé par un homme dont toute la sensibilité penchait à gauche, le premier, disait-il, qui n'eût pas de compte en Suisse ! S'il fallait négocier quelque chose, c'était la place à part pour Paribas dans l'inévitable œuvre de nationalisation. Tout à cet état d'esprit et alors que Gérard Eskenazi, son directeur général, échafaudait de nombreux scénarios avec Albert Frère et Paul Desmarais, ses actionnaires les plus intimes, Pierre Moussa ne voyait que des inconvénients à l'agitation de Jean-Maxime Levêque.

Hors des réunions du groupe secret, nous retrouvions nos collègues du conseil de l'Association tantôt gesticulant de colère, tantôt hébétés comme Georges Hervet et Roger Lebon qui allaient abandonner de belles affaires construites de leurs mains ; agités et déjà en politique comme Jean-Marc Vernes mal au fait des difficultés prochaines de sa maison ; plus ambigus et plus discrets comme les Worms et les Rothschild, dont les banques avaient été profondément affectées par la crise industrielle des récentes années. Seigneurs du conseil, les présidents des trois grandes banques nationalisées se tenaient à l'écart de cette agitation. Jacques Calvet et Claude Pierre-Brossolette, très proches l'un et l'autre du président battu, se savaient condamnés en dépit du court mais remarquable travail accompli à la BNP et au Crédit lyonnais.

Le plus ancien et le plus illustre des présidents, Maurice Lauré, qui avait profondément transformé la Société générale, comprit très vite qu'on ne le laisserait même pas en fonction jusqu'à la date proche de sa retraite. Le hasard voulut que nous dînions ensemble cet été-là en petit comité avec Walter Wriston, le célèbre président de la Citibank. Incrédule comme beaucoup d'étrangers, celui-ci était venu s'enquérir du programme politique français qui allait tout simplement aligner le système financier français sur ceux des pays de l'Est. Maurice Lauré, qu'il interrogeait, lui expliqua avec sa clarté habituelle comment les œuvres les plus rationnelles peuvent être périodiquement détruites par des flambées de passion que rien ne peut, sur le moment, raisonner. Walter Wriston pensait quant à lui qu'il s'agissait d'un nouvel avatar de l'inconséquence française et qu'il fallait surtout préparer la Citibank à tirer le meilleur parti de l'inévitable affaiblissement de ses malheureux concurrents.

Nouveau venu dans le cercle des « chefs de maison », comme on aimait alors dire, et le plus jeune d'entre eux, j'observais plus que je ne parlais. Certes, nous nous connaissions tous, mais mes collègues plus anciens regardaient avec suspicion celui qui était monté sur le bateau après la torpille. Je ne cachais pas un certain scepticisme quant aux chances de succès des manœuvres à l'étude et cela ne me rendit pas plus populaire. Jean-Maxime Levêque, tout à sa croisade, nous pressait surtout d'amener des entreprises industrielles clientes à l'association Véron. J'hésitais à faire les démarches qu'il attendait de moi et que les autres disaient déjà bien avancées. Comme il redoublait sa pression, j'allais voir Francis Bouygues, alors proche du Suez et que je commençais à bien connaître du fait de ses opérations spectaculaires en Arabie saoudite. Très amical, Francis me rit cependant au nez : « Suivez mon conseil, ne touchez pas à cette affaire qui n'a aucune chance d'aboutir et surtout ne me comptez pas dedans. » Faute de fournir au président du CCF des listes d'entreprises solidaires, je cherchai au moins à prouver ma bonne volonté en finançant les campagnes qu'il nous annonçait. Je demandai à Gérard Dangelzer où était la caisse noire de la Banque et combien je pouvais promettre ! À ma grande surprise, mais avec une totale sincérité, mon collègue me répondit qu'il n'y avait aucune caisse noire. « Oui, sans doute à Saigon, naguère. » Je dus solliciter Philippe Malet qui me donna un jour, rue d'Astorg, avec réprobation, une enveloppe contenant une assez modeste somme de billets. Jean-Maxime m'envoya alors un émissaire qui l'empocha prestement. Sans doute fit-il la grimace après le décompte, en tout cas je n'en ai plus jamais entendu parler.

Cette très légère contribution fut un écart à la ligne que Philippe Malet s'était fixée et qui consistait à prendre le plus de distance possible avec sa grande filiale bancaire, espérant toujours qu'elle seule serait jetée dans l'enfer de la nationalisation. Un incident vint cependant assez vite refroidir cette ardeur séparatiste. Le Suez était alors le premier actionnaire de Saint-Gobain-Pont-à-Mousson où Roger Martin venait de céder sa place à Roger Fauroux, entouré alors de la plus belle pléiade de jeunes managers industriels – non dénués de sens politique – de Paris : Jean-Louis Beffa, Alain Gomez, Francis Mer, sans oublier Xavier de Villepin. Mais le nouveau président était surtout sous le charme intellectuel de son jeune directeur financier, Alain Minc. Quels que soient ses sentiments profonds à l'égard du programme commun, celui-ci croyait que la saison des grandes manœuvres était ouverte et qu'il fallait saisir l'occasion de consolider Saint-Gobain, récemment embarqué dans une audacieuse diversification informatique par le rachat de la C_2I. Quoi de plus astucieux que de capter au bénéfice de cette grande stratégie industrielle les fonds propres du Suez, désormais débarrassé de ses risques bancaires ? Alain Minc, déjà bien introduit dans les couloirs politiques, préconisait ainsi un *Reverse Take Over* du Suez par sa principale affiliée industrielle. À dire vrai, le projet ne manquait pas d'intelligence et c'est bien celui qu'allait réaliser, vingt ans plus tard, Gérard Mestrallet non plus avec Saint-Gobain, mais avec la

Lyonnaise des Eaux. Mais l'air du temps était celui de la chape de plomb du secteur public et non des restructurations industrielles. C'est beaucoup plus tard, dans le capitalisme retrouvé, que les manœuvres d'Alain Minc allaient se déployer.

Cependant personne n'avait songé à informer Philippe Malet du *brain-storming* qui échauffait les esprits du siège de Saint-Gobain, ni surtout des conversations déjà tenues dans les cabinets ministériels. C'est la rumeur qui les lui rapporta avec toute l'emphase qu'elle prend dans ces sortes de périodes. Philippe Malet en fut atterré d'autant plus qu'il avait fortement soutenu la création, par Roger Martin, de l'ensemble Saint-Gobain-Pont-à-Mousson. L'équipe de la rue d'Astorg mit alors un peu en sourdine la proclamation de sa vocation industrielle. Aussi bien Philippe Malet ne protesta-t-il pas quand les pouvoirs publics nous convoquèrent ensemble aux audiences qu'ils avaient finalement décidé d'accorder aux dirigeants des groupes nationalisables.

La veille de mon insolite nomination, j'avais téléphoné à Philippe Lagayette, nouveau directeur de cabinet de Jacques Delors au ministère des Finances, pour lui en exposer les circonstances. Avec la distinction intellectuelle qui lui est propre, il m'avait exposé quelques mois plus tôt ses critiques à l'égard des banques et notamment de leur rôle qu'il jugeait artificiel dans le financement du commerce extérieur. Il m'écouta attentivement mais ne fit aucun commentaire. Quelques semaines plus tard, à ma grande surprise, il m'appela pour me demander, au nom de Jacques Delors, si j'étais intéressé par la succession de Jacques Lallement à la direction générale du Crédit agricole. Je déclinai sa proposition après l'en avoir vivement remercié. Outre que l'idée d'un retour, même au commandement supérieur, allait contre mon instinct, je ne voulais en aucun cas abandonner la future Indosuez au milieu du gué. Je me fis aussi la réflexion qu'il y avait au bout du compte peu de chance, qu'Édith Cresson, nouvelle ministre de l'Agriculture, et l'Élysée, dont elle était proche confient un poste de cette nature à quelqu'un d'autre que de leurs amis sûrs. Je ne me trompai pas, mais je fus reconnaissant à Philippe Lagayette et à Jacques Delors de leur pensée qui signifiait cependant aussi qu'ils accordaient peu de pérennité à ma jeune présidence.

En septembre, Robert Lion, directeur du cabinet de Pierre Mauroy, et Jean Peyrelevade, son directeur adjoint, nous reçurent, Philippe Malet et moi, à Matignon. Robert Lion, que je connaissais bien pour avoir été son second dans un *bordj* perdu du sud-Constantinois en 1958, fut disert et courtois sans rien nous dire de vraiment significatif. Jean Peyrelevade, que ni Philippe Malet ni moi ne connaissions, assista impassible aux amabilités un peu forcées que dispensait le directeur de cabinet. Sur un ou deux points toutefois, en réponse à des questions de fait, il intervint brièvement, sèchement, précisément, par exemple pour écarter toute idée d'actionnaires minoritaires dans aucune société nationalisable. Il nous fit à l'un et à l'autre la plus mauvaise impression et connaissant par la rumeur que son influence était déjà beaucoup plus grande que celle de Robert Lion, nous échangeâmes sur lui en cheminant ensuite tristement rue de Varenne les propos les plus alarmistes.

Enfin, Jacques Delors nous reçut. Je souhaitais évoquer cette fois de façon concrète les questions que soulevait dans plusieurs pays étrangers la nationalisation de la Banque de l'Indochine. Trois cas me préoccupaient particulièrement. En Malaisie, seule banque française, nous avions depuis trente ans le privilège très rare d'un statut de droit commun. Le nouveau gouvernement du Dr Mahatir saisissait toutes les occasions pour réduire les positions des banques étrangères et voulait appliquer strictement une loi interdisant l'implantation de banques publiques étrangères. Même s'il visait surtout les banques de Singapour, ce texte devait nous obliger à céder nos établissements à Kuala Lumpur. L'Inde avait accordé récemment et très exceptionnellement à la banque une licence d'exploitation à Bombay, à la grande fureur de nos concurrents, et notamment de la Société générale. J'avais gagné cette négociation en renonçant formellement à nos licences à Pondichéry... abandonnées en réalité vingt ans plus tôt et surtout en arguant de notre statut privé qui complétait utilement la présence séculaire de la BNP. À cette époque, l'Inde était dans une des phases plutôt libérales de son cycle politique et notre délégué à Bombay craignait un revirement. Enfin, j'étais très soucieux des réactions de l'Arabie saoudite où nous venions de transformer les anciennes succursales de la Banque de l'Indochine en une banque commerciale de plein exercice sous le nom de Banque Al Saudi Al Fransi. Aucune banque nationalisée n'avait jamais pu s'installer en Arabie. J'avais prévu de me rendre très vite auprès des autorités de ces trois pays et de sauver tout ce qui pouvait l'être, mais je souhaitais connaître l'opinion du ministre des Finances, mon éventuelle marge de manœuvre et aussi les perspectives de soutien de nos postes diplomatiques, puisqu'il s'agissait après tout d'une affaire d'État. Le directeur du Trésor, Jean-Yves Haberer, m'avait renvoyé vers le ministre. Le Conseiller du cabinet chargé paraît-il des nationalisations, Patrick Peugeot, était insaisissable.

Jacques Delors nous fit ce jour-là une très curieuse impression. Comprenant parfaitement les sujets et les questions que nous posions sur sa table, il paraissait en être accablé plus encore que nous et peu enclin à s'en saisir ni même à nous donner des orientations. On eut dit qu'il était étranger à ce programme de nationalisations, qu'il le subissait comme un mal inévitable dont des diables, ailleurs, tiraient toutes les ficelles. Bien sûr, il fallait sauver toutes les positions françaises et au premier chef au Moyen-Orient, alors si riche, ainsi qu'en Asie. Pour y parvenir, il préconisait en termes généraux le dynamisme, les solutions *ad hoc*, les « montages imaginatifs » (*sic*). Le propos me frappa et nous nous interrogeâmes longuement, en quittant le ministre, s'il y avait là une sorte d'instruction codée. Nous ne l'avons pas pensé mais je me suis toujours demandé si Pierre Moussa et Gérard Eskenazi, lorsqu'ils lancèrent la sécession de Paribas Suisse, ne s'étaient pas crus couverts par de telles exhortations.

Je revis le ministre en octobre à Washington. Chaque année se retrouvaient là, autour de l'assemblée générale du FMI, tous les banquiers internationaux dans une joyeuse atmosphère de foire où se succédaient rencontres et cocktails. Les années suivantes, à partir de 1982, les dettes sud-américaines allaient assombrir ces réunions. Ce n'était pas encore le cas et l'habitude voulait notamment que les banquiers français se retrouvassent dès le dimanche matin devant un buffet froid offert par une grande banque de Chicago près des cours de tennis du Sheraton. L'été indien de Washington était plus beau que jamais dans le calme de ce matin-là. Nous nous regroupâmes, assiettes à la main, peut-être plus nombreux que d'habitude, sur les marches de la terrasse de l'hôtel, suivant les balles qu'échangeaient de jeunes Américains indifférents à notre rencontre. Il y avait une sorte de mélancolie dans l'air. Seul Jean Deflassieux, promis à la présidence du Crédit Lyonnais, éclatait de bonne humeur au milieu des mines longues. Bon garçon, il essayait sans grand succès d'égayer la réunion, promettant notamment monts et merveilles aux plus jeunes dont j'étais. Le lendemain avait lieu le traditionnel dîner où l'ambassadeur de France recevait en sa résidence le ministre des Finances, le gouverneur de la Banque de France et les dirigeants de banques présents à l'assemblée du FMI. Après le dîner, deux groupes se formèrent spontanément, l'un autour de Jacques Delors, l'autre de Jean Deflassieux. Soudain, Jacques Delors, hochant la tête vers l'autre groupe dit *mezzo voce* aux banquiers qu'il allait prochainement révoquer : « Soutenez-moi ! Protégez-moi d'eux !... » L'ambassadeur, proche comme nous du limogeage, allait d'un groupe à l'autre proposant ses services : « Vous aurez besoin d'un bon connaisseur des États-Unis. » Seul Jacques de Larosière, directeur général du FMI, avait envie de parler de la situation financière du monde qui nous réunissait là. Son optimisme positif allait lui être bien utile quelques mois plus tard.

En réalité, nous commencions de comprendre que tous les fils de l'affaire étaient tirés par un petit groupe réuni à l'Élysée. Pour eux, il s'agissait de mener au plus vite le processus sans accident juridique et de trouver les hommes nouveaux qui allaient remplacer tous les présidents sortants. Je ne fis aucune démarche vers l'Élysée mais d'une certaine manière ce fut l'Élysée qui vint vers moi. L'un des jeunes cadres de la banque qui, à ma connaissance, n'était guère militant socialiste, vint me trouver un jour pour me dire que M. Patrice Pelat souhaitait être invité à déjeuner et qu'il était porteur d'un message intéressant. Je ne connaissais pas Patrice Pelat. Quelques coups de téléphone me confirmèrent qu'il s'agissait d'un ami proche du président de la République mais aussi d'un industriel peu chanceux qui négociait la vente de ses entreprises à Alsthom, société dont j'étais alors administrateur, filiale de la très nationalisable Compagnie générale d'électricité. Je le reçus donc à la banque, non en tête à tête comme il avait paru le souhaiter, mais avec le jeune exploitant qui l'avait introduit et l'un de nos directeurs les plus chevronnés. Il ne dit pas un mot de ses conversations avec Alsthom, mais nous incita fortement à soutenir le nouveau gouvernement et plus encore à regarder l'avenir avec optimisme. À l'abri de l'État, l'économie allait se développer vite et les banques nationalisées réaliseraient plus d'affaires que jamais, surtout celles qui feraient preuve de plus de dynamisme et de flexibilité que les autres. Lui-même nous en proposerait dans un avenir proche... Nous l'écoutâmes poliment et sans doute trop froidement car il ne nous adressa par la suite aucune proposition.

En octobre éclata soudain la bombe de l'affaire Paribas. La cession par Paribas, encore de statut privé, du contrôle de sa puissante filiale bancaire suisse à un consortium animé par Albert Frère, Paul Desmarais et quelques investisseurs arabes, fit scandale et même Jacques de Fouchier, ancien président de Paribas, laissa dire qu'il était choqué. Rétrospectivement, cette émotion paraît assez démesurée. Après tout, les dirigeants de Paribas n'avaient violé aucune loi, le gouvernement n'ayant pas pris à l'époque de mesure conservatoire. Dans l'esprit même, le transfert partiel à d'anciens actionnaires étrangers de Paribas d'actifs hors de France n'était pas contraire au discours politique qui affirmait que la nationalisation n'aurait pas d'effet hors des frontières françaises et encore moins aux exhortations soupirantes du ministre des Finances nous incitant tous à trouver des montages pour préserver nos intérêts étrangers, des « montages imaginatifs ». Mais le souffle révolutionnaire faisait perdre à tous et peut être encore plus à ceux qui en étaient la cible le sens des proportions. La banque Paribas Suisse, vendue à des milliardaires étrangers ! Voilà qui allumait tous les fantasmes. Sans courage, le conseil de Paribas révoqua Pierre Moussa et Gérard Eskenazi et nomma à leur place, sur les incitations de l'Élysée, Jean-Yves Haberer, le dernier directeur du Trésor de Valéry Giscard d'Estaing. À la hâte, une loi fut votée qui affectait aux banques nationalisables des commissaires du gouvernement chargés notamment de suivre toutes les transactions avec l'étranger.

À la Banque de l'Indochine et de Suez, nous reçûmes ainsi Jean Malaplate, germaniste érudit, auteur d'une traduction en vers du *Faust* de Goethe. Je lui rendis compte en détail de mes démarches auprès des pays sensibles. À Bombay, le Dr Patel, gouverneur de la Reserve Bank of India, nous rappela avec humour que nous n'aurions jamais obtenu une licence si nous avions été nationalisés un an plus tôt. Mais l'inertie de la bureaucratie indienne jouait cette fois-ci pour le *statu quo* et donc pour nous. À Riad, je visitai longuement le gouverneur de la SAMA, Mohamed Quraishi, l'un des plus parisiens parmi les Saoudiens. Il me reçut avec beaucoup de grâce mais après m'avoir écouté il me tint le propos que j'attendais : « Ou bien, comme vous le dites, la nationalisation ne changera rien à l'autonomie de gestion de la Banque de l'Indochine et alors pourquoi la décider ? Ou bien elle changera vraiment la nature de la Banque qui deviendra une sorte de relais de l'action gouvernementale française, et cela nous posera d'évidentes difficultés. » Il me promit seulement de ne rien brusquer. Mes bonnes relations avec les actionnaires saoudiens et l'habileté de notre directeur général,

Raymond Bravard, nous évitèrent de perdre nos positions dans un pays majeur où nous étions une des très rares banques étrangères implantées et la seule française. Ce ne fut pas le cas en Malaisie. La loi était formelle et le Dr Mahatir, élu un an auparavant, était bien décidé à réduire l'influence des étrangers, et surtout des Occidentaux, dans l'économie nationale. La Banque de l'Indochine avait ouvert dans les années 1960 à Kuala Lumpur une succursale qui se développait bien. Au début de 1982, à une date fixée depuis plusieurs semaines, je rencontrai le très respecté gouverneur de la banque centrale, avec notre directeur Asie, Michel Moreau, qui avait vécu plusieurs années en Malaisie et qui le connaissait bien. À notre grande surprise, il nous reçut froidement pendant dix minutes et nous demanda d'attendre à notre hôtel une convocation d'un certain Daim Zainuddin, homme d'affaires local désigné par le Premier ministre pour traiter notre affaire. Plusieurs jours passèrent lorsque nous fûmes soudain conviés dans une espèce de pizzeria du centre de la capitale à rencontrer Daim, petit homme discret et souriant. L'entrevue fut au total courtoise mais nette. Daim Zainuddin nous dit très simplement que le Premier ministre l'avait désigné pour acheter la Banque de l'Indochine à Kuala Lumpur. S'ensuivirent de courtes négociations où nous décidâmes de renoncer en fait à toute indemnité pour conserver 30 % de ce qui allait devenir la Malaysian French Bank. Daim en revendit rapidement le contrôle à un groupe chinois, réalisant, lui, une belle plus-value. Le personnage allait très vite devenir trésorier du parti du Dr Mahatir, l'UNMO, puis plusieurs fois ministre des Finances. C'est aujourd'hui aussi l'une des plus grosses fortunes de Malaisie et son rapide investissement dans l'expropriation de la Banque de l'Indochine fut sans doute l'une de ses premières belles opérations.

Plusieurs fois j'essayai d'associer les pouvoirs publics à ces démarches, mais elles n'intéressaient personne, sauf le nouveau commissaire du gouvernement. Jean Malaplate s'attachait aussi à modérer les ardeurs de la CGT qui, après la bombe Paribas Suisse, avait décidé d'affirmer son pouvoir. Sous la conduite de son délégué Lucien Forget, elle envahit d'abord mon bureau et m'y tint enfermé toute une soirée puis décida de m'escorter dans tous mes déplacements pour déjouer « toute tentative de manœuvre ». Peu nombreux, ils s'épuisèrent vite. Quelques années plus tard, j'établirai avec Lucien Forget des relations étrangement amicales. Un jour, cet autodidacte de talent me demanda de partir à l'étranger. Comme il était attiré par le Viêt-nam, je l'y envoyai et il devint vite, avec succès, notre représentant à Hanoi, dernier bastion de cet idéal communiste auquel toute une partie de son cœur demeurait fidèle.

C'est le 25 février 1982, après que le conseil des ministres eut amélioré l'indemnisation des actionnaires, que le gouvernement put enfin prendre le pouvoir et publier la liste des présidents des entreprises nationalisées. À l'exception de Roger Fauroux à Saint-Gobain, tous étaient nouveaux. Georges Plescoff, alors président des AGF, nous remplaçait, Philippe Malet et moi. J'étais curieusement assez serein et m'apprêtais à partir vers les États-Unis d'où les dirigeants de Bankers Trust m'avaient adressé quelques signes amicaux. Georges Plescoff me convoqua immédiatement dans son grand bureau des AGF que j'allais occuper douze ans plus tard. Il fut amical, persuasif : « Restez auprès de moi comme directeur général, j'ai besoin de vous, je suis un homme d'investissement mais pas de banque. Vous aurez carte blanche et nous demeurerons très autonomes. La nationalisation vous déplaît peut-être, mais la roue tourne… » Je m'enhardis : « Permettez-moi de vous parler de votre âge. Vous aurez 65 ans dans un an – je suis sûr d'être prolongé, j'ai toutes les assurances de l'Élysée et savez-vous pourquoi ? Le général Mitterrand, frère du président et excellent industriel, a le même âge que moi. Vous pensez bien que François Mitterrand ne va pas mettre d'office à la retraite son frère ! » Au bout d'une heure je lui promis de réfléchir et de le rappeler le lendemain. Il me raccompagna à l'ascenseur. Sa main serrant une éternelle cigarette brassait l'air, un grand sourire illuminait son visage buriné : « N'oubliez pas, la roue tourne ! » J'étais déjà convaincu et je devins son directeur général. Un an plus tard, il sera mis à la retraite… comme le général Mitterrand. Georges Plescoff ne supportait pas Jacques Delors et persiflait sans cesse sa politique et sa personne. Le ministre ne dit rien mais obtint son départ sans rémission. Il fut remplacé par Jean Peyrelevade au printemps 1983.

Ainsi se terminait cette étrange période où, en temps de paix et de relative prospérité, une nouvelle majorité politique entreprit selon les procédures les plus légales de nationaliser un immense secteur de l'activité du pays. L'affaire ne souleva pas vraiment d'inquiétude dans l'opinion ni même parmi les dirigeants économiques qui n'étaient pas directement concernés. Les manœuvres illusoires de Jean-Maxime Levêque s'effilochèrent très vite. Au même moment, dans le monde anglo-saxon, c'était les thèmes de la privatisation, de la responsabilité décentralisée, de la dérégulation qui prenaient corps et d'abord dans les milieux intellectuels et universitaires. Mais le nouveau pouvoir français était légitime et mettait en œuvre le programme sur lequel il avait été élu. Les Français demeuraient à l'époque, dans leur immense majorité, très étrangers à la culture du marché et du capitalisme.

Pourtant il n'y avait guère non plus chez ceux qui nationalisaient de théorie élaborée du secteur public. Les discours officiels évoquaient en termes vagues de nouvelles banques au service de l'économie. Les plus réfléchis parmi les experts socialistes avaient critiqué une gestion trop conservatrice du secteur bancaire que démentaient pourtant les fortes pertes subies par les banques privées du fait de la crise industrielle. Un instant ressurgit le vieux serpent de mer de la grande banque publique d'investissement qui irriguerait de crédit l'économie comme EDF l'irrigue d'électricité. Jean-Pierre Chevènement, alors ministre de la Recherche, chérissait ce concept ultra-planificateur mais il paraissait bien seul à le défendre. La grande majorité des dirigeants socialistes n'acceptait pas l'idée que le marché et la concurrence pouvaient assurer un financement correct de l'économie. Mais ils n'osaient pas franchir le pas de la seule vraie alternative qui était celle d'une distribution administrée du crédit à la soviétique, dont on ne connaissait pourtant pas encore les immenses ravages. Le plus brillant des théoriciens socialistes de la banque était assurément Jean Peyrelevade qui avait animé beaucoup de groupes de réflexions à ce sujet. Lorsqu'il prit la présidence du Suez et de sa banque en avril 1983, nous nous attendions à ce qu'il les mit en œuvre, d'autant que je gardais le souvenir du glacial et énigmatique commissaire du peuple que nous avions rencontré avec Philippe Malet sous les lambris de Matignon. Tout à l'opposé, Jean Peyrelevade déploya au Suez, outre les talents de stratège et de séducteur qui soutinrent sa carrière, une défense acharnée de l'autonomie de gestion. Et il se révéla d'abord un fin professionnel de la banque, attaché aux canons de prudence les plus exigeants de la profession, à dire vrai le seul authentique banquier qui ait jamais présidé aux destinées du groupe Suez. Au sommet de l'État et au gouvernement il n'y avait en réalité guère d'intérêt pour l'organisation ou la politique bancaire. Aussi bien on nationalisa le *statu quo*, banque par banque, défaisant même souvent les groupements qui s'étaient amorcés par exemple autour du Suez. La seule chose importante bien sûr était de changer les hommes. Il fallait sacrifier cet *establishment* économique qui avait scandaleusement prospéré à l'ombre du régime haï, y compris dans les grands corps de l'État. C'était là toute la préoccupation de l'Élysée. Celui qui me l'expliqua le mieux un jour, à ma grande surprise, fut René Bousquet qui, à la veille de mon arrivée, avait pris sa retraite de la Banque de l'Indochine. Je ne le rencontrai qu'une fois, en 1982. Je compris mieux ce jour-là combien ses liens avec François Mitterrand, bien connus à la banque, s'alimentaient à cette frustration commune à l'égard de l'usurpateur de 1944 puis de 1958 et de tous ceux qui avaient profité de son règne. Mais il s'agissait aussi de mettre à la tête des banques des amis sûrs qui sauraient bien soutenir la politique du gouvernement, et le moment venu sa réélection.

Aussi bien le train de nominations de février 1982 incluait-il des hommes et des femmes qui, d'une manière ou d'une autre, avaient fait allégeance politique au nouveau pouvoir. Malgré cette contrainte, les choix se révélèrent assez raisonnables dans la majorité des cas et notamment pour les grands établissements. Des hommes d'expérience ou de vrai potentiel furent nommés. Tel fut le cas, pour n'en citer qu'un, au Suez où Georges Plescoff puis Jean Peyrelevade figurent avec bonheur dans la lignée historique des présidents. Curieusement, la chasse aux grands corps ne se produisit pas. Il y avait en 1982 autant d'inspecteurs des Finances à la tête des établissements même si ce n'étaient pas tout à fait les mêmes. La fantaisie et la camaraderie se donnèrent plus libre cours pour les choix à la tête des plus petites maisons, et certaines en souffrirent clairement. Mais au total les nominations de 1982 se révélèrent plus judicieuses que celles de 1986.

Car ce fut bien le trait le plus nouveau du système bancaire français après le séisme de 1981 : la fragilité des chefs de maison, incertains de leur pérennité au-delà de la prochaine élection politique. Dans les jours qui suivirent février 1982, Pierre Mauroy rassembla tous les nouveaux présidents sur le perron de Matignon pour une photo de famille. Une joie naïve éclairait tous les visages : « Précieuse photo, me dit le lendemain un collègue d'une grande banque, voilà la *hit-list* du prochain gouvernement. » Comment pouvaient-ils ne pas y penser ? « La roue tourne » avait l'air de sourire, au milieu d'eux, Georges Plescoff, qui venait de loin. Cette instabilité affaiblit incontestablement les établissements, surtout lorsque le deuxième rang n'était pas bien assuré. Elle eut des contreparties, il est vrai, et d'abord celle d'ouvrir les portes des petits et moyens établissements à des hommes neufs qui n'auraient pas eu ces responsabilités. Les banques en ont parfois profité, mais certaines incompétences firent des dégâts sérieux et, curieusement, ce sont souvent celles-là qui furent par exception reconduites en 1986. D'autres vécurent très mal ces allers-retours – entrée en 1982, sortie en 1986, nouvel emploi en 1988, sortie en 1993. Quelques-uns, et pas des moindres, ne résistèrent pas à l'alternance des frustrations et des jubilations. Ils sombrèrent dans toutes sortes de démesures qui expliquent pour une bonne part le naufrage du Crédit lyonnais et les dérives d'Elf Aquitaine. Ainsi le ballet des présidents, qui était l'objectif premier des nationalisations de 1981, aura-t-il fourni au total l'une des plus fortes démonstrations des vertus de la privatisation.

Les mouvements d'un statut l'autre et d'un président l'autre allaient dominer la finance française pendant près de vingt ans. Ils la détournèrent trop longtemps des questions stratégiques que les changements du métier et du monde extérieur allaient lui poser. Plaqués de l'extérieur, ils interdirent, ou du moins ralentirent, les subtils ajustements des équipes, des actionnariats et des stratégies qui font le succès des entreprises financières.

CHAPITRE PREMIER

La révolution imprévue des services financiers

L'industrie financière en 1982 réunissait des activités cloisonnées et fortement réglementées. La législation bancaire était encore directement issue d'un texte de Vichy validé sans grandes modifications à la Libération et qui portait la marque du corporatisme officiel. La création des entreprises, leurs rapprochements, leur croissance devaient être autorisés par le Trésor et la Banque de France, mais après délibération de l'association professionnelle, c'est-à-dire du cercle des concurrents établis.

Aux contraintes du statut s'était ajouté depuis le début des années 1970 le redoutable encadrement du crédit, rationnement strict et de plus en plus minutieux de l'argent accordé par les banques et les établissements financiers aux entreprises et aux particuliers. La gestion bancaire était alors asservie à une mécanique complexe mais source de rente pour ceux qui la maîtrisaient. Un marché de droits s'était vite créé où les plus dynamiques quêtaient fébrilement des contingents supplémentaires pour répondre aux demandes de leurs clients, les plus conservateurs jouant au contraire de la régulation pour rétrocéder à leurs confrères, à marge élevée et sans risques, les quotas que l'histoire leur avait constitués.

Source de sclérose accrue, l'encadrement du crédit avait été curieusement maintenu et même durci pendant la période des réformes financières des années 1978-1981. À l'initiative de Raymond Barre et de René Monory, son ministre des Finances, des mesures d'un esprit nouveau avaient été alors prises pour libéraliser et moderniser la finance française. Une politique monétaire nouvelle, faisant varier davantage les taux d'intérêt, avait laissé espérer la fin des régulations quantitatives. Dans la même veine, les taux d'intérêt créditeurs avaient été partiellement libérés. Pour financer l'économie, les fameuses « sicav Monory », investies en actions françaises et assorties de fortes incitations fiscales, avaient fait décoller les placements en valeurs mobilières dont la part dans l'épargne des ménages était passée de 5 % à 20 % de 1976 à 1980. Une réforme majeure du financement de l'habitat, inspirée du « rapport Barre » de 1976, avait généralisé l'aide à la personne et favorisé la création d'un vaste marché concurrentiel des prêts bancaires au logement.

Mais le deuxième choc pétrolier de 1979, faisant bondir l'inflation à plus de 20 %, avait refroidi les volontés de réforme. Plus profondément, dans l'opinion et au Trésor, tuteur de l'industrie financière, les esprits n'étaient pas mûrs pour une vraie libéralisation que les professionnels, dans leur immense majorité, ne réclamaient pas vraiment non plus.

L'après-nationalisation

Ce sont ainsi des entreprises très administrées que le législateur nationalisa en février 1982. Faute d'orientations politiques, l'entourage de Jacques Delors et ses services s'interrogèrent sur les mesures à prendre. Quelques réunions furent tenues où les conseillers du ministre évoquèrent une convergence souhaitable entre les priorités du Plan et les critères de distribution du crédit. Le discours était imprécis, embarrassé. Les fonctionnaires de la rue de Rivoli n'avaient jamais aimé le Plan qui aurait pu borner leurs pouvoirs. Les nouveaux présidents ménageaient déjà leur marge d'autonomie. Très vite, chacun comprit que le Plan, confié à Michel Rocard, était suspect à l'Élysée. Bref, le cœur n'y était pas et les réunions s'arrêtèrent vite. En revanche, les instruments de la régulation traditionnelle furent durcis d'autant que la conjoncture se dégradait. L'espace de liberté ouvert en 1979 pour la rémunération des dépôts à terme fut refermé. Des interdictions nouvelles apparurent, ainsi celle de l'ouverture de nouveaux guichets bancaires, sauf autorisation du Trésor. Bientôt, avec la baisse des réserves de devises, les vieux dispositifs de contrôle des changes allaient être remis en vigueur, y compris le célèbre carnet de change des particuliers.

Le dispositif se prolongea-t-il d'instructions individuelles, ultra-sélectives, allant jusqu'à l'octroi ou le refus de crédit à des ennemis ou des amis politiques ? Je ne le pense pas. Pour ma part, je n'ai connu qu'une tentative de cette sorte, assez spectaculaire, il est vrai, mais qui a piteusement échoué. Revenant un jour d'un entretien à l'Élysée avec André Rousselet, Georges Plescoff me convoqua. Mal à l'aise, bougonnant, il m'interpella : « Je dois vous demander quelque chose d'exceptionnel : il faut couper les crédits de Robert Hersant dont Indosuez est un banquier significatif. Il ne s'agit pas de faire taire le *Figaro*, mais Hersant doit céder *France-Soir* à un groupe nouveau qui en confiera la rédaction à Jean-François Kahn, c'est un beau projet, non ? – Monsieur, nous ne pouvons pas couper les crédits à la SocPresse ni, à dire vrai, à aucune société du groupe Hersant. – Et pourquoi donc ? – Tout simplement parce que Robert Hersant, dès juin 1981, a obtenu de toutes ses banques qu'elles lui confirment ses lignes de crédit à moyen terme, pour une durée de sept ans précisément. Compte tenu de la situation de son groupe, nous n'avions aucune raison de refuser. Nous ne pouvons donc contractuellement réduire aujourd'hui ses lignes. » Georges Plescoff me fixa, interloqué. Puis il éclata d'un grand rire, comme soulagé. Je n'en entendis plus parler, ni d'ailleurs d'aucune autre intervention de ce type. En revanche, les services du Trésor et les cabinets ministériels se sentirent plus libres que par le passé pour presser les banques de poursuivre leur concours aux entreprises en difficulté, voire de leur consentir des abandons de créances ou d'intérêts. Le plus souvent, ces interventions ralentissaient seulement d'inéluctables déclins, comme dans la sidérurgie ou les ingénieries, fortement affectées par les contrecoups du choc pétrolier. Parfois elles permirent à d'audacieux hommes d'affaires de faire des allers-retours profitables et de bâtir des fortunes comme François Pinault commença de le faire à cette époque avec des entreprises du bois. Si elles s'exprimaient avec une vigueur nouvelle, ces interventions ne furent pas, par leur nature, différentes de ce que les banques avaient toujours connu. Elles s'espacèrent d'ailleurs au fil des années, l'État laissant les tribunaux et les mandataires de justice traiter directement avec les créanciers des entreprises en difficulté.

C'est dans un tout autre domaine que les lois de nationalisation auront eu sans doute les conséquences les plus durables, avec l'entrée des syndicats dans les conseils d'administration. Titulaires d'un tiers des sièges, cinq sur quinze, pourvus par l'élection directe sur présentation des grandes centrales syndicales, les administrateurs salariés furent associés à toutes les délibérations des conseils. Le plus souvent timides au début et assez impuissants dans les conseils d'entreprises publiques où compte une seule voix, celle du représentant du ministre des Finances, qui s'exprime de préférence hors séance, ils jouèrent un rôle croissant dans une période beaucoup plus récente, à l'occasion des privatisations. Souvent conservateurs, voire immobilistes lorsqu'il s'agit par exemple de rapprochement avec d'autres entreprises, les syndicalistes peuvent être aussi ouverts à un dialogue positif et approfondi avec les dirigeants. Demeurés dans les conseils, en plus petit nombre après les privatisations, ils joueront un rôle non négligeable par exemple lors de l'OPA de Generali sur les AGF ou dans l'affrontement BNP/Société générale. Dans les grandes maisons établies, ils compteront de plus en plus et il faudra emporter leur concours, ce qui n'est pas impossible avec le temps, pour toutes les mutations majeures des entreprises.

Lors du débat sur les lois de nationalisation, Pierre Mauroy, sans doute conscient de la faiblesse de son argumentation, s'était engagé à présenter un texte général sur l'exercice des professions financières. Entrepris dès 1982, ces travaux aboutirent au vote par le parlement de la loi bancaire du 24 janvier 1984. Vaste monument législatif, cette loi, toujours en vigueur, est la quintessence même des meilleurs produits de la technocratie française. Totalement neutre quant aux choix essentiels de la politique bancaire, elle peut régir aussi bien un système complètement administré qu'un système très libéralisé. Elle n'introduit aucune réforme de l'activité, n'abolit aucun privilège, ne reconnaît aucune liberté nouvelle. Mais elle décrit et consacre dans une seule nomenclature cohérente les opérations de banques, les entreprises qui les conduisent avec leurs statuts particuliers et surtout le dispositif unique de contrôle auquel elles sont soumises. En organisant minutieusement la pyramide d'associations professionnelles auxquelles les établissements sont tenus d'adhérer, la loi demeure fidèle à l'inspiration corporatiste de Vichy qu'elle adapte au monde plus complexe des années 1980. Votée sans résistance par les deux assemblées, la loi bancaire de 1984 confirma, en creux, l'absence d'une vision proprement socialiste de l'activité financière, pourtant nationalisée deux ans plus tôt. Elle fit œuvre utile en mettant en ordre la finance au regard de la loi, de ses obligations à l'égard du public et surtout des institutions de contrôle, au premier chef la Banque de France.

Ses auteurs n'imaginaient pas que le vote de la loi de 1984 marquerait surtout la séparation de deux mondes, puisque c'est au lendemain de sa promulgation qu'allait démarrer en France la vraie révolution de la finance.

La révolution Bérégovoy-Naouri

C'est de New York puis de Londres que sont parties les puissantes ondes du changement. Dans la finance américaine, la désintermédiation, qui fait accéder de plus en plus d'acteurs directement au marché des capitaux, s'accéléra au début des années 1980 à l'initiative des professionnels. Les entreprises en vinrent à émettre des titres de plus en plus variés, à court, moyen ou long terme que les investisseurs achetaient sur le marché selon leurs besoins. Pour gérer ces gammes d'instruments financiers de plus en plus larges, les investisseurs eurent assez tôt l'idée de recourir au marché des *futures* de Chicago dont les compartiments financiers connurent alors un essor fulgurant. Là ils purent trouver, comme les négociants en grains ou en pétrole, les moyens de se couvrir des variations à venir des taux ou des indices boursiers ou, à l'inverse, de prendre position sur ces variations telles qu'ils les anticipaient. À la Bourse de New York les commissions librement négociées remplacèrent en 1979 les tarifs professionnels, avivant la concurrence entre courtiers, prélude à la montée en force des plus imaginatifs d'entre eux. Toutes ces innovations se prolongèrent à Londres où les banques américaines étoffaient leurs sièges à mesure du développement des opérations en eurodollars. Les hausses du prix du pétrole en 1973 puis en 1979, sources d'excédents énormes pour les pays producteurs, décuplèrent cet euromarché de dollars qui en était le réceptacle naturel. Pour contenir cette ébullition de la place de Londres, capitale de l'eurodollar, et en faire bénéficier l'économie britannique, le gouvernement de Margaret Thatcher annonça dès 1982 d'importantes réformes financières. La plus spectaculaire fut le *Big Bang* qui allait faire exploser, en 1986, les très anciennes divisions du travail à la Bourse de Londres afin de la rendre plus compétitive, et qui libéra toutes les commissions en abolissant les tarifs officiels.

À Paris, en 1984, le gouvernement Fabius remplace celui de Pierre Mauroy et Pierre Bérégovoy prend en charge le ministère de l'Économie et des Finances. Ancien syndicaliste, Pierre Bérégovoy vient de remettre en ordre la Sécurité sociale mais il n'a pas d'expérience financière. Loin de s'entourer de caciques, il prend comme directeur de cabinet Jean-Charles Naouri, un inspecteur des finances de trente-cinq ans, réputé brillant mais sans guère de références. Quelques mois plus tôt, François Mitterrand avait tranché en faveur du maintien de la France dans le serpent monétaire européen et donc dans l'économie de marché, en compétition avec les pays voisins. Pierre Bérégovoy et Jean-Charles Naouri sont des esprits positifs, doués pour l'action et très libres à l'égard des arcanes de la rue de Rivoli. Ils ont en charge l'industrie financière française, celle-ci doit affronter des concurrents en évolution rapide, il faut donc la mettre au plus vite en état de tenir sa place. Ainsi vont-ils lancer le plus incroyable train de réformes qu'ait connu depuis la guerre le système financier français. Suivant de près Londres, ils prennent une avance considérable sur toutes les autres places d'Europe continentale, plus lentes à réagir. Toutes ces réformes sont inspirées d'une idée centrale : mettre au cœur de la finance un vaste marché de l'argent, aussi libre et décloisonné qu'il est possible, ouvrir son accès au plus grand nombre d'acteurs. Enfin le gouvernement tient une politique bancaire et financière d'un type radicalement nouveau : c'est la plus libérale que la France ait jamais connue, la plus iconoclaste pour les mandarins du système, la plus anglo-saxonne dans son inspiration. De puissants auxiliaires de la réforme sur lesquels Jean-Charles Naouri sait habilement s'appuyer sont les trésoriers des grandes entreprises industrielles. Très sophistiqués, toujours un peu jaloux du monopole des banques, organisés depuis peu en une influente association, les trésoriers de grandes entreprises militaient ardemment pour la désintermédiation qui leur permettrait d'avoir accès directement au marché monétaire. La création des billets de trésorerie, que les entreprises vont offrir sur le marché à la manière du papier commercial américain, est ainsi une des premières réformes de 1985, accompagnée de l'autorisation donnée aux banques elles-mêmes d'émettre des titres comparables, les certificats de dépôt négociables. Cette ouverture du marché monétaire réduit *de facto* l'emprise de la réglementation des intérêts créditeurs, qui est progressivement supprimée en 1985-1986, sauf pour les dépôts à vue ou de très courte durée. La fluidité nouvelle du marché monétaire ne pouvait longtemps laisser en dehors, sous l'administration la plus tatillonne, les compartiments plus longs du marché de l'argent : le marché obligataire. L'émission puis le négoce d'obligations sont ainsi considérablement libéralisés à la même époque, favorisant une explosion des émissions qui doublent entre 1982 et 1986, et plus encore des transactions qui décuplent pendant la même période pour atteindre 1 700 milliards de francs en 1986, faisant de Paris l'un des plus actifs marchés obligataires du monde. Un tel marché doit bénéficier, pour fonctionner au mieux, de tous les outils les plus récents d'anticipation et de couverture, en un mot de spéculation. Certes les instruments mis au point peu à peu à New York et à Londres, *swaps, fra (Forward rate agreement), options* connaissaient à Paris un développement rapide à mesure de l'ouverture du marché. Mais il fallait aller à Chicago pour trouver un marché organisé qui permît de les négocier dans les meilleures conditions de sécurité. Tout de suite le nouveau ministre et son conseiller encouragent la chambre syndicale des agents de change qui travaille sur un projet de création à Paris d'un marché de *futures*, comme il s'en est créé à Londres en 1982 sur le modèle de Chicago. En juillet 1985, ils instituent le Conseil du marché à terme des instruments financiers (MATIF) et l'inaugurent en février 1986 : le succès est fulgurant, dans l'année plus de 1 000 milliards de francs de transactions sont effectuées sur les seuls titres d'État.

Si l'émission de billets de trésorerie allège, pour les grandes entreprises, les contraintes de l'encadrement de crédit, celui-ci continue de régir les opérations les plus traditionnelles de financement, notamment des PME. La question est d'autant plus d'actualité que le ministre, cohérent avec lui-même mais s'attaquant là au cœur de la politique financière française depuis 50 ans, annonce l'extinction progressive des prêts bonifiés qui avaient refleuri en 1981 dans de nombreux secteurs d'activités. Très vite Pierre Bérégovoy demande au gouverneur de la Banque de France, Renaud de La Genière, d'étudier des scénarios de sortie de l'encadrement qui ne provoqueraient pas de dérapage de la masse monétaire. Avec la prudence de sa fonction et l'indépendance de son tempérament, Renaud de La Genière prend son temps d'autant que les services de la Banque de France sont très attachés historiquement à la régulation aussi détaillée que possible des prêts consentis par les banques à l'économie : Pierre Bérégovoy met fin à son mandat et le remplace par Michel Camdessus, le directeur du Trésor, plus sensible à sa nouvelle politique. L'encadrement du crédit est sensiblement assoupli à compter de 1985 mais sa suppression soulève des questions sacrilèges dont le ministre ne veut pas entendre parler, et d'abord celle des fonds propres des banques sur lesquels il faut caler le nouveau système de régulation du crédit, comme le font tous les pays développés. Certes, Pierre Bérégovoy avait favorisé l'émission dans le public d'ersatz de capital comme les titres participatifs, mais ces substituts trouvent vite leur limite. C'est seulement en 1987 que l'encadrement du crédit sera formellement abandonné après que les nouveaux ratios de fonds propres eurent été institués.

La réforme de la Bourse, dans l'esprit de ce qui se faisait à New York puis à Londres, est bien dans la ligne du programme Bérégovoy-Naouri, mais elle aussi risque de mettre à mal les vaches sacrées de la majorité socialiste. Très vite les autorités encouragent la modernisation du marché avec, en premier chef, la cotation en continu introduite au début de 1986, l'organisation de la contrepartie, puis l'amélioration des tâches d'exécution pour lesquelles un fonds de modernisation est créé en 1985. Mais l'important était la réforme des structures, c'est-à-dire, si l'on suivait Londres, la fin du monopole des agents de change et leur rapprochement avec les banques. Un tel

Big Bang était-il compatible avec le principe de la nationalisation intégrale des banques françaises ? N'allait-on pas donner aux étrangers un avantage décisif en leur permettant d'associer à leur capital les professionnels de la Bourse de Paris ? Le changement de majorité au printemps de 1986 délivra Pierre Bérégovoy de ce dilemme.

Étonnante période. Le monde changeait si vite pour nous que nous oubliions même les contradictions dans lesquelles nous nous débattions. Après un moment de scepticisme, de nombreux banquiers, surtout parmi les plus jeunes, s'étaient ralliés aux réformes et y coopéraient activement. À Indosuez, Jean-François Lepetit, alors jeune directeur des marchés, proche de l'association des trésoriers d'entreprises, comprit très tôt le potentiel économique de toutes ces innovations qu'il appelait de ses vœux depuis longtemps. Il soutint activement les réformes en cours. Il me persuada dès cette époque de créer la première « salle de marché » de Paris sur le modèle américain où cohabitaient pour la première fois les trésoriers, les cambistes et les responsables des marchés obligataires. Bientôt nous ouvrîmes à Chicago et à Paris simultanément un courtage de *futures* et Jean-François Lepetit réussit à attacher à Indosuez Richard Sandor, le gourou américain des produits financiers dérivés. Des développements similaires avaient lieu dans d'autres banques, bien entendu. Pourtant nous étions tous encore soumis, de par notre statut de nationalisé, à la tutelle la plus stricte de l'administration des Finances. Les conseils d'administration ne jouaient aucun rôle. Tous les investissements devaient être soumis aux chefs de bureau du Trésor, tandis que ceux du Budget fixaient nos rémunérations et il était exclu bien entendu de seulement songer à une modification du capital des établissements. Comment Pierre Bérégovoy a-t-il vécu ce paradoxe, lui qui semblait par conviction et pas seulement par loyauté partisane opposé aux privatisations ? Issu des grandes entreprises publiques de l'énergie, sans doute croyait-il sincèrement qu'un secteur d'État bien géré pouvait maîtriser tous les métiers et affronter avec succès toutes les compétitions. C'est probablement ce qui l'a conduit à soutenir aveuglément quelques années plus tard la politique impériale de Jean-Yves Haberer au Crédit lyonnais. Pour les acteurs professionnels en revanche, les privatisations décidées par le nouveau gouvernement vinrent logiquement couronner la politique de libéralisation à marche forcée de la période précédente.

La mutation des métiers

À compter de 1986, et pour au moins quinze ans, la finance française va être emportée dans un double mouvement de mutation de ses métiers et de privatisation de ses entreprises, accompagnée surtout dans la dernière période de réorganisations. La singularité française sera que l'État, selon ses orientations politiques du moment, dirigera l'essentiel de ces réorganisations puisqu'au départ il est propriétaire de l'ensemble. Peu à peu cependant l'exigence de fonds propres proportionnés aux engagements des banques, mais aussi des établissements financiers et des compagnies d'assurances imposera à tous une nouvelle régulation et de nouvelles priorités de gestion.

Le développement des activités financières et leurs diversifications ont été continus, rythmés par l'alternance de périodes d'optimisme et de pessimisme, mais sans jamais de retour en arrière ni de pause vraiment prolongée. Ce n'est pas ici le lieu de décrire en détail son déroulement, mais il est utile d'en rappeler les axes dominants.

Comme les réformateurs français l'avaient voulu dès 1984, le marché de l'argent, avec ses compartiments de plus en plus variés mais aussi de plus en plus ouverts les uns aux autres, est au centre de l'activité. Demandeurs et offreurs de capitaux, grands et petits, utilisent certes les maisons financières, banques, sociétés de bourse, compagnies d'assurance, pour concevoir et conclure leurs transactions, mais celles-ci sont de plus en plus exécutées sur le marché auprès d'autres offreurs et demandeurs et selon des conditions résultant de cette confrontation où la maison financière joue un rôle d'intermédiaire. C'est la volonté des épargnants et des investisseurs qui conduit en fin de compte cette évolution car ils veulent avoir accès à la vérité des prix, aussi volatils soient-ils, et non plus seulement à l'offre affichée par le banquier ou l'assureur. Mais c'est la technologie qui la rend possible en permettant aux opérateurs de se rencontrer non plus physiquement pour exécuter les ordres des clients, mais sur des réseaux d'écrans où s'affichent les offres et les demandes. Ainsi aux bilans des grandes banques françaises, les titres de placement, à l'exclusion des opérations interbancaires, représentent en 2000 85 % des crédits à la clientèle contre 6 % en 1984, au début des réformes et déjà 15 % en 1990. Les crédits et les dépôts de types plus classiques demeurent importants, mais leurs conditions sont, elles aussi, de plus en plus régies par celles du marché. Cette transparence toujours croissante du marché de l'argent a été la source d'une créativité financière sans précédent. Des opérations de plus en plus abstraites ont été imaginées pour tirer profit du marché dans ses divers compartiments. Ainsi sont nés les produits dérivés pour lesquels des acteurs financiers investissent non plus dans un titre ou une devise, mais dans la variation de valeur de ce titre ou de cette devise dans une période déterminée. Négociées sur des marchés à terme, ces opérations ont pris un essor considérable : pour le groupe des grandes banques françaises : le montant de leurs engagements sur les marchés à terme pour les titres de dette portant intérêt atteignait le 31 décembre 2000 14 000 milliards d'euros contre 1 250 milliards d'euros en 1990.

Ces montants sont dits « notionnels » parce qu'ils ne mesurent pas les variations objets de la transaction et du risque, mais les masses sous-jacentes. Ils agrègent par ailleurs des engagements dans les deux sens, à la hausse ou à la baisse, qui se compensent. L'abstraction de ces opérations, leur mode de comptabilisation « en masse » et leur croissance fulgurante évoquent une gigantesque spéculation, sans aucun rapport avec les préoccupations des acteurs non financiers. Tel semblait le cas avant 1998 d'une bonne part de ces fonds d'investissements américains baptisés *hedge funds* qui recherchent la valorisation de l'argent confié par leurs clients principalement dans ces produits dérivés. Encore doivent-ils le plus souvent s'intéresser aux causes des variations qu'ils prévoient et donc à l'économie, aux politiques monétaires et à celle des changes. C'est en prévoyant correctement l'évolution du *sterling* et l'attitude de la Banque d'Angleterre que George Soros a fait les plus grands profits sur ce marché en 1992. C'est au contraire en se trompant sur l'évolution des taux d'intérêt qu'il fera de grandes pertes deux ans plus tard. Mais la diffusion des opérations dérivées dans les entreprises, voire chez les particuliers, par exemple pour fixer le coût d'un crédit ou encore protéger une plus-value qui ne pourra être liquidée que plus tard, a aussi beaucoup compté dans leur croissance, surtout à l'époque la plus récente.

Ces transactions et le marché même qui les génère ne s'arrêtent pas aux frontières des États. Elles se déploient certes de manière plus fluide dans une même monnaie et donc entre les agents économiques qui l'utilisent. Mais elles visent souvent des arbitrages entre instruments financiers et entre changes et donc s'étendent en puissance au monde entier. Dans leur virtualité, seule l'intelligence des *traders* peut leur fixer des limites. Dans leur réalité, il en va différemment car les autorités nationales sont très puissantes pour ouvrir ou fermer leurs économies aux opérations de marché transnationales. Dans la seule Asie, des pays en développement rapide mais aussi différents que la Chine, la Corée du Sud ou Singapour ont réussi à interdire ou restreindre les transactions internationales de marché sur des instruments libellés dans leurs monnaies nationales. La Chine et la Corée du Sud ont aussi écarté les investisseurs étrangers de leurs bourses locales ou les ont cantonnés à des quotas très stricts. Ils ont en revanche ouvert très largement la porte à l'endettement en dollars US de leurs entreprises et de leurs collectivités. Il n'est pas sûr que leur choix ait été le bon mais ils ont été parfaitement capables de le faire. À l'opposé, en créant l'euro, les États européens ont ouvert une nouvelle zone monétaire où les maisons financières opèrent sur un plus vaste marché domestique, plus liquide, plus profond et donc plus efficace pour tous ses utilisateurs.

La dynamique d'un grand marché du capital appelle tôt ou tard le décloisonnement de ses divers compartiments. Ce sont d'abord les titres de dette, du plus court au plus long, qui se sont traités dans les salles de marché. L'ouverture du marché des titres de fonds propres aux banques était une affaire d'une tout autre ampleur. Depuis toujours la négociation des actions avait été réservée à des professionnels des Bourses, dotés de statuts publics d'officiers ministériels et protégés par un confortable *numerus clausus*. Dans la tradition anglo-saxonne et singulièrement aux États-Unis, les banques commerciales avaient été tenues à l'écart des actions depuis la crise de 1929 pour éviter que les krachs ne menacent les dépôts bancaires et provoquent des retraits de panique qui ont toujours été l'obsession des autorités américaines, dans ce pays aux 15 000 banques. À Londres, la division du travail avait même été poussée plus loin puisque les banques d'affaires auxquelles était réservé le montage des émissions d'actions devaient les faire exécuter par des *strockbrokers* et des *jobbers* aux missions bien définies. C'est de Londres qu'est parti en 1986 le *Big Bang* du décloisonnement des marchés que Paris suivit en 1988. Les sociétés de bourse conservaient leur mission d'exécution des transactions sur actions mais les banques pouvaient les acquérir, puis progressivement les intégrer à leurs salles de marché. Les agents de change vendirent alors, à Londres puis à Paris, leurs fonds de commerce et leurs équipes aux banques à prix d'or. Peu d'entre eux choisirent de demeurer indépendants. Dès la fin des années 1980, les banques françaises, comme les autres européennes devaient progressivement le faire, maîtrisaient la chaîne complète des opérations sur actions : émission, évaluation par leurs équipes d'analystes, transactions d'achat-vente par leurs sociétés de bourse captive et bientôt montage et négoce d'options grâce à leurs plates-formes de produits dérivés. Simultanément, elles développèrent leurs services de gestion de capitaux, dits *d'asset management*, pour le compte de la clientèle. Ceux-ci avaient commencé de s'étoffer avec le succès des sicav Monory. Ils connurent depuis 1988 un regain qui n'a cessé de s'amplifier jusqu'à aujourd'hui, à peine ralenti durant les courtes phases de dépression boursière.

L'invasion de l'assurance vie

Au début des années 1990, les banques françaises entreprirent également la conquête du marché de l'assurance vie. Dans la plupart des pays, aux États-Unis et en Europe, la banque et l'assurance étaient demeurées des métiers différents. La nature des risques, la longueur des engagements, les modes de commercialisation y étaient très différents et les hommes qui animaient les deux industries se flattaient les uns comme les autres de leur culture singulière. Dans certains marchés, comme aux États-Unis, la loi imposait la séparation dans un souci de prudence pour l'un comme pour l'autre. C'est la démographie et ses perspectives qui ont rapproché banque et assurance. Le vieillissement des populations, promises à des durées d'existence plus longues, fit peu à peu de la retraite le motif premier de l'épargne, comme le fut dans les années 1950-1960 le besoin d'habitat familial. En l'absence de fonds de pension complémentaires à versements libres, l'assurance vie et ses nouveaux contrats à forte composante d'épargne se révélèrent les meilleurs supports de la préparation à la retraite. En France, comme c'est souvent le cas, la fiscalité ajouta un poids déterminant dans la balance en faveur de l'assurance vie, puisque ses prestations y étaient exonérées d'impôt sur le revenu et surtout depuis 1958 de droits de succession. La forte élévation de ces droits après 1981 donna à l'assurance vie un attrait de plus en plus unique parmi les instruments d'épargne français d'autant que la réglementation permettait désormais d'en investir les primes en titres financiers dont la valorisation bénéficiait à l'assuré comme s'il les détenait directement en portefeuille. Après 1990, le public prit vraiment conscience de ces atouts et les flux de capitaux investis dans l'assurance vie explosèrent pendant cette période, leur montant passant de 25 à 85 milliards d'euros entre 1989 et 2000. Si l'on raisonne en flux nets, c'est en réalité, selon les années, de 30 à 50 % des placements nets des acteurs non financiers qui s'ajoutent aux réserves des compagnies d'assurance. Il n'était pas question bien entendu pour les banques de laisser aux seules compagnies d'assurance un marché que la réglementation leur ouvrait dès lors qu'elles émettaient des contrats par des filiales soumises à la législation de l'assurance. Souvent plus à l'aise dans les produits d'épargne que les assureurs traditionnels, ces sociétés captives ont été le moteur essentiel de la croissance du marché dont elles détiennent aujourd'hui plus de 60 %. Un tel succès a mis en appétit les banques françaises à la recherche de produits nouveaux à vendre par leurs guichets. Elles se sont ainsi lancées dans l'assurance dommage aux particuliers ou elles progressent régulièrement avec une part de marché qui dépasse déjà 5 %. Dans la même logique de ventes croisées à la clientèle, certaines compagnies d'assurance se lancent aujourd'hui dans la création de banques commerciales dont les services sont offerts par leurs réseaux traditionnels.

Ainsi dans les services financiers au sens le plus large le décloisonnement est-il aujourd'hui total : banque, bourse, gestion de fortune, assurance de personnes ou de biens, assistance, tous ces métiers différents par les services offerts, par le droit qu'ils mettent en œuvre, par les risques qu'ils doivent gérer, sont ouverts à toutes les entreprises financières et vendus par les réseaux commerciaux de toutes ces entreprises. La France a été depuis quinze ans à l'avant-garde de cette libéralisation que d'autres pays développent aussi mais souvent à pas plus comptés.

Si la révolution financière a multiplié, jusqu'à l'abstraction la plus extrême, les opérations de marché, elle ne s'est pas désintéressée des besoins quotidiens des ménages et des entreprises. Le système de délivrance d'espèces, de paiement à l'intérieur ou à l'extérieur du pays, pour des règlements occasionnels ou pour des dépenses répétées, toute l'infrastructure du service quotidien a été considérablement modernisé. Les ressources toujours plus larges, plus flexibles et moins coûteuses de la technologie informatique et télématique ont permis une grande amélioration des services et une productivité accrue. La France a eu l'intelligence d'adopter très tôt dans ces domaines le principe de l'inter-bancarité qui permet à chacun de bénéficier des services de tout le système pour retirer des billets ou effectuer des paiements selon son choix par chèque et de plus en plus par carte. Le coût pour le public de ces services de bonne qualité se compare favorablement avec ceux de nos voisins, inférieur à celui de la Grande-Bretagne et supérieur seulement à celui de l'Allemagne.

La mutation des statuts et les privatisations

Alors qu'elles vivaient dans leurs métiers la plus profonde mutation qu'elles aient jamais connue, les entreprises financières françaises allaient de 1986 à nos jours devoir affronter simultanément la réforme de leurs statuts. Les deux processus demeurèrent déconnectés. Déclenchée à l'origine par les réformes de 1984-1985, la révolution des activités financières fut ensuite une création procédant des équipes de terrain dans de nombreux pays et se diffusant d'un pays à l'autre, souvent à l'instigation des clients qui voulaient en bénéficier partout où ils opéraient. Ce fut et c'est encore un mouvement de bas en haut que les directions de banques comme les autorités de tutelle doivent appréhender, comprendre et réguler. À l'opposé, les changements de statuts ont été conduits par l'État propriétaire de l'ensemble du système en 1986, mais concerné aussi par la législation du secteur coopératif et des institutions spéciales comme les Caisses d'épargne. En charge de ces réformes, les politiques ont rarement paru s'intéresser aux puissants courants de mutation qui transformaient les entreprises dont ils allaient modifier le cadre d'activité. Ainsi, par un curieux paradoxe, ceux qui voulaient stimuler la créativité de la finance s'interdisaient de la privatiser tandis que ceux qui allaient la mettre sur le marché semblaient assez indifférents aux développements de ses métiers.

Tout comme la nationalisation, la privatisation fut d'abord une affaire politique. Lancée largement en 1986-1987, elle fut arrêtée de 1988 à 1993 par l'invraisemblable doctrine du ni-privatisation ni-nationalisation, témoignage pathétique d'un refus de débat sur les vertus et les défauts de la propriété d'État dans le monde d'aujourd'hui. Reprise en 1993, la politique de privatisation fut poursuivie après 1995 avec réticence et avec moins de motivation tant par Alain Juppé que par Lionel Jospin. L'un et l'autre ont toujours paru chercher, en Europe le plus souvent, des excuses pour justifier un nouveau rétrécissement de la propriété publique, tant celle-ci demeure pour la gauche socialiste, mais aussi pour une grande partie de la droite gaulliste, une sorte de fondement de la civilisation française. Rarement durant cette période a-t-on engagé le débat sur l'adaptation du statut public ou privé à des métiers qui changeaient aussi rapidement et sur les bénéfices que le public pouvait tirer de l'un ou de l'autre dans une telle période de renouvellement. C'est pourtant là que devrait se situer la vraie confrontation.

La vision politique des privatisations s'est révélée aussi dans le choix de leurs modalités, et d'abord dans la sélection des hommes chargés de les mettre en œuvre dans les entreprises. Le choix des hommes était d'autant plus important que le gouvernement, avec raison, n'avait pas tenté de reconstruire le paysage financier avant de le privatiser, laissant cette tâche aux nouveaux dirigeants et à leurs actionnaires. Sans doute la cohabitation imposa-t-elle des compromis dont bénéficièrent les plus fidèles, sans autre considération. Mais il est frappant que, dans le choix des présidents de 1986 et quels que soient les mérites des personnes, n'apparut guère le souci de faire émerger des pilotes pour les nouveaux métiers en marche.

La grande affaire des privatisations de 1986 fut les célèbres noyaux durs qui, sous des noms différents, marquèrent toutes les opérations similaires, jusqu'aux plus récentes. Le concept était né de l'idée que le marché ne pourrait absorber facilement les masses de titres offerts dans une période assez courte et qu'il fallait donc pré-placer auprès d'autres entreprises une partie du capital. Ces actionnaires sélectionnés à l'avance s'engageraient à demeurer un certain temps au capital, seraient représentés aux conseils d'administration et surtout protégeraient la nouvelle privatisée du cauchemar suprême des politiques : le raid de l'étranger. Édouard Balladur avait pris soin de s'appuyer sur un comité des sages pour déterminer le prix minimum des cessions, mais il s'était réservé la composition finale des noyaux durs. Cela déclencha une chaude controverse politique, le gouvernement étant soupçonné de placer ses amis aux commandes de la finance et de l'industrie françaises.

L'impérialisme du ministre dans la conduite des privatisations et le style emphatique qui devait plus tard nuire à sa carrière politique appelaient de telles flèches, mais elles étaient évidemment peu pertinentes. Les capitalistes comme Jean-Marc Vernes ou Édouard de Ribes, qui se targuaient d'avoir l'oreille d'Édouard Balladur, n'avaient évidemment pas les moyens financiers de jouer un rôle majeur dans les noyaux durs. Dépité de n'être pas élu à la tête du Suez, Jean-Marc Vernes s'en désintéressa pour se consacrer au contrôle des assurances du groupe Victoire, d'où il pouvait espérer un jour revenir en force vers l'ancienne compagnie mère. Ce sont en réalité les nouveaux présidents qui durent battre la campagne pour constituer les noyaux durs. Nommé président de la Compagnie financière de Suez, l'ancien gouverneur de la Banque de France Renaud de La Genière n'était pas familier des milieux économiques. Aussi mobilisa-t-il son état-major, Gérard Worms, Patrick Ponsolle, Bernard Egloff et moi-même, pour aller solliciter auprès des compagnies d'assurance et des entreprises industrielles des investissements qui selon la règle établie devaient être d'au moins 0,5 % mais guère plus de 3 à 4 % du nouveau capital. La part des étrangers devait être modeste, les Arabes étant plutôt bien vus, les Américains beaucoup moins. Le tour de table que nous mobilisâmes pour le Suez comprenait en première ligne quatre sociétés industrielles, Saint-Gobain et Elf Aquitaine, avec 3,5 % chacune, puis Pernod Ricard et Exor avec 3 et 2,25 %. Deux sociétés étrangères de caractère plutôt industriel détenaient chacune 1,5 %, le groupe Benedetti et la Société générale de Belgique qui allaient se déchirer, au grand bénéfice du Suez, quelques mois plus tard. Une quinzaine d'investisseurs financiers, moitié français moitié étrangers, dont trois groupes arabes, figuraient ensuite avec des participations de 0,5 à 1 %, comme les grandes compagnies d'assurance françaises. La part allouée aux industriels était évidemment remarquable mais plusieurs d'entre eux étaient à leur tour affiliés au Suez comme Saint-Gobain. C'est le même schéma qu'on a retrouvé dans d'autres privatisations de sociétés financières y compris sept ans plus tard à la BNP où apparaissaient à côté de l'UAP, prépondérante, presque tous les grands noms de l'industrie française. À l'inverse, dans les tours de table des industriels, les banques et les compagnies d'assurance prenaient une part plus virile sans le plus souvent atteindre 4 ou 5 %.

Il n'est pas très équitable de critiquer aujourd'hui, avec la sagesse de la rétrospection, la politique des noyaux durs. Les privatisations étaient formidablement nouvelles en France, techniquement et politiquement. On ne peut reprocher au gouvernement de 1986 de s'être entouré de précaution, même s'il eut pu, avec davantage de modestie, s'inspirer simplement de ce que les Anglais avaient commencé avant nous. Pourtant les noyaux durs se révélèrent vite à la fois inutiles pour atteindre les objectifs recherchés et pervers par bien des aspects. Au sein des conseils d'administration, des administrateurs indépendants bien choisis auraient souvent été plus dynamiques que les présidents d'entreprises clientes ou fournisseurs, souvent enclins à la complicité du silence. Quant à la protection contre la fameuse OPA hostile de l'étranger, elle s'est vite révélée illusoire : l'expérience des AGF me donne une certaine qualification pour en parler.

Il faut d'abord rappeler cette évidence que les offres hostiles, c'est-à-dire non concertées et non désirées, ne sont pas fréquentes car vouées souvent à l'échec comme en témoignent de multiples exemples. Tout à fait rares sont celles de compagnies étrangères, surtout dans les services, où la cohésion des hommes est un facteur majeur de succès. La seule opération de ce genre fut le raid brutal de Generali sur les AGF après que celles-ci, déçues par l'incapacité du gouvernement à les rapprocher du GAN, se furent assurées le contrôle de la compagnie d'assurance Athena. En dépit des apparences, il s'agissait d'une affaire entre Français montée par MM. Bernheim et Bébéar pour se partager, à la découpe, la compagnie française. Le ministre des Finances de l'époque approuva sans doute l'opération, avant même son lancement, avec cette naïve illusion, dont il m'entretint, que Generali deviendrait un jour français. Les Italiens qui, à l'exception du très âgé Docteur Cuccia, n'avaient jamais été enthousiastes de l'opération, rappelèrent chacun à la réalité, après son échec, en limogeant sans façon Antoine Bernheim. Mais l'opération illustre aussi les limites de la capacité de résistance d'un noyau dur. Au-delà de la période nécessairement courte du gel, les membres ne peuvent, sauf à léser leurs propres mandants, refuser une offre en espèces qui valorise la compagnie au-delà de ce que le marché a fait pendant une période de quelques mois ou quelques années. Si l'attaquant offre les titres de sa propre société, les actionnaires stables devront comme n'importe quel autre actionnaire, évaluer pour leur propre compte l'attrait de l'échange qui leur est proposé. En réalité, pour repousser une offre hostile, le moyen le plus sûr est de trouver un chevalier blanc qui dépose une offre alternative. Un des membres du noyau dur, déjà actionnaire et mieux informé, est évidemment bien placé pour jouer un tel rôle. C'est celui que j'ai proposé en 1997 à la Société générale pour les AGF et qu'elle a décliné. Un autre chevalier blanc, Allianz, a fait alors, sur notre proposition, une offre autrement attrayante et crédible que Generali et a emporté les AGF à l'issue d'une bataille boursière classique. S'ils sont peu efficaces pour protéger le *statu quo*, les systèmes d'actionnariat privilégié dits, selon les époques, « durs », « stables » ou « partenaires », présentent des perversités que la communauté financière reconnaît clairement aujourd'hui. Les défauts sont ceux des réseaux de participations croisées inspirés du pseudo « capitalisme rhénan », très en vogue en France à la fin des années 1980. Dernier avatar de la résistance intellectuelle de l'*establishment* français aux risques du capitalisme, à la fois souhaité et redouté, les participations croisées, même triangulaires, créent entre les dirigeants des complicités qui étouffent le débat et la critique au sein des organes sociaux. Les conseils d'administration d'après 1986 ont été dans bien des cas lents à mettre en œuvre les procédures modernes de gouvernance ou, plus simplement, à interpeller les dirigeants sur leurs projets, leurs objectifs et les risques associés. L'investissement dans un noyau dur peut aussi constituer un gaspillage de capital qui aurait été mieux dépensé dans l'objet même des sociétés. Il y a une sorte d'abus de bien social, par exemple pour une société pétrolière, à détourner une fraction de son capital de la recherche de nouveaux gisements vers le capital d'une banque dont elle croit qu'elle la protégera de ses concurrents. Aussi bien les analystes les plus lucides ont-ils très tôt harcelé les industriels membres des noyaux durs pour qu'ils se défassent progressivement de ces participations.

C'est aux épargnants bien sûr et aux institutions qui collectent et gèrent leurs fonds qu'il appartenait de financer les entreprises privatisées et de les accompagner selon le jugement qu'ils portaient sur leurs projets et leur gestion. Il est surprenant que le gouvernement de 1986-1987 n'ait pas soutenu les privatisations par une politique de forte mobilisation de l'épargne en restaurant les incitations fiscales de 1978 et surtout en instituant de vrais régimes de retraite complémentaire par capitalisation. C'est là sans doute la critique la plus sérieuse qu'on peut faire, avec le bénéfice du temps écoulé, à une politique qui eut néanmoins une réussite certaine. Après l'incompréhensible gel du « ni-ni » qui dura tout de même cinq ans, la politique de privatisation fut reprise en 1993 et poursuivie quoique plus lentement après 1995, puis après l'arrivée du gouvernement Jospin en 1997. Plus prudente dans les changements d'hommes, bridée il est vrai par la cohabitation, elle s'inspira des canons de 1986 et, sous d'autres noms, des noyaux durs, mais dut se passer désormais des industriels. Plus récemment, toujours indifférente à l'évolution des métiers, elle s'est engagée dans une nouvelle voie, à rebours comme en 1981 du monde entier, avec le grand dessein de la mutualisation du système financier français. Mais entre-temps celui-ci comme beaucoup d'autres avait dû combattre plusieurs cycles de crises financières.

CHAPITRE 2

Une période riche en crises financières

S'ils avaient voulu agir selon les canons d'une habile gestion de patrimoine, les politiques français mériteraient une mention honorable. Ils achetèrent près du plus bas et vendirent souvent plus haut. En 1982, les établissements financiers avaient été très affaiblis par la récession consécutive au deuxième choc pétrolier. De nombreuses entreprises industrielles étaient en déficit sévère, principalement dans les produits de base et les équipements, mais aussi dans les biens de consommation comme l'automobile, obligeant les banques à constituer de larges provisions sur les crédits qu'elles leur avaient consentis. La politique monétaire plus rigoureuse suivie après 1979 à Paris comme à Washington avait élevé les taux d'intérêt du marché monétaire à des niveaux jamais atteints pour de telles durées : 9 % de taux moyen en 1979 pour le FF et 12 % pour le dollar US. 12 % en 1980 et 15 % en 1981 pour le FF ; 14 % et 17 % les mêmes années pour le dollar US. Un certain nombre de banques françaises tiraient alors une bonne partie de leurs profits de transformations assez sommaires sur les marchés des taux d'intérêt. Elles décalaient les maturités des passifs et des actifs pour bénéficier d'une marge de refinancement plus élevée, par exemple sur des crédits immobiliers ou des portefeuilles obligataires. Les instruments plus sophistiqués qui permettaient de retourner rapidement ou de plafonner les risques de ces opérations n'existaient pas à l'époque, du moins à Paris, et plusieurs accusèrent de grosses pertes. Toutes les maisons furent affectées mais la combinaison de ces différentes sources de pertes mit en difficulté particulièrement les banques d'affaires moyennes, l'Union européenne, Worms, Rothschild, qui ne pouvaient les compenser par d'autres sources de revenus. L'indemnisation que l'État paya aux actionnaires de ces banques en 1982 prit en compte cet affaiblissement, mais certainement moins que l'aurait fait un acquéreur privé.

Une succession d'accidents financiers

À peine la crise née en 1979 se résorbait-elle qu'éclatait, l'été 1982, la cessation de paiement du Mexique, suivi des autres pays d'Amérique Latine, Colombie exceptée, puis des Philippines et d'une bonne partie de l'Afrique. Toutes les banques internationales, et au premier chef les banques américaines, avaient prêté à ces pays des sommes considérables, en proportion de leurs capitaux propres. Créanciers et débiteurs furent profondément choqués par cette défaillance de grands États, certes sous-développés, mais riches en population et en ressources, y compris pétrolières pour certains. Le Fonds monétaire international et la Banque mondiale furent également surpris par une crise qu'ils n'avaient pas prévue. Jacques de Larosière, alors directeur général du FMI, réagit très vite avec une autorité qui tua dans l'œuf, dès l'automne 1982, tout mouvement de panique. Il devint le chef d'orchestre des négociations avec les débiteurs et laissa espérer au marché des solutions d'étalement de paiements comme s'il s'agissait d'une simple crise de liquidités. Comme souvent, le terme masquait une insolvabilité fondamentale mais il permit à chacun de minimiser les pertes à venir et ainsi d'en étaler la charge dans les bilans sur plusieurs années. Le défaut du Mexique en 1982 fit reculer la frontière du risque bancaire tel que le voyaient les banquiers les plus illustres, comme Walter Wriston, le président de la Citibank, qui demeurera injustement dans l'histoire financière pour sa célèbre maxime « les États ne font pas faillite ». Diplômé d'histoire diplomatique, il aurait pourtant dû se souvenir que tout au long des âges, des souverains avaient répudié leurs dettes. En 1982, de telles incorrections paraissaient exotiques et on ne pouvait imaginer que les fonctionnaires du Trésor mexicain, qui ressemblaient à s'y méprendre à ceux de Washington, en viendraient à de telles extrémités. Désormais les banques allaient devoir analyser en détail la capacité de remboursement de leurs clients souverains, ce qui les conduirait progressivement, dans les années 1990, à évacuer ces dettes vers les investisseurs institutionnels.

Le 19 octobre 1987, la Bourse de New York dégringola en une seule séance de 23 %. Une telle chute de l'indice *Dow Jones* était sans précédent. Elle suivait une période de grande euphorie financière et de nombreuses émissions d'actions nouvelles aux États-Unis, en Grande-Bretagne et en France où les privatisations avaient commencé un an plus tôt. Celle de la Compagnie de Suez venait de démarrer, le ministre en ayant fixé le prix deux semaines plus tôt. La campagne publicitaire avait fait fort : Catherine Deneuve, magnifique, fixait les téléspectateurs : « réfléchissez » ! C'est ce que ne faisaient plus les épargnants, persuadés que toute privatisation devait laisser une bonne plus-value. Ils se précipitèrent sur les titres qui perdirent un tiers de leur valeur le 20 octobre, avant même de leur avoir été remis. Édouard Balladur et Renaud de La Genière gardèrent leur sang-froid, résistèrent au concert de voix qui demandaient l'annulation de l'offre ou la révision de son prix et accordèrent seulement des délais de paiement des titres souscrits par les particuliers. Bien leur en prit car le krach de 1987 fut une affaire courte et de psychologie boursière. Quelques mois plus tard, les indices avaient retrouvé les niveaux de l'été 1987 et les conséquences économiques ne furent pas profondes.

Mais il avait eu pour effet, partout, de hâter la cession des sociétés de bourse encore indépendantes à des groupes financiers plus solides.

La fin des années 1980, jusqu'à l'été 1991, connut une relative prospérité que les banques dans leur ensemble partagèrent. En dépit du krach de 1987 et de turbulences plus limitées dans les taux d'intérêt ou les Bourses, la période ne vit pas de crise bancaire étendue.

Cela n'empêcha pas des défaillances individuelles, parfois spectaculaires. Aux États-Unis, à la suite de la crise des caisses d'épargne, une grande banque, la Continental Illinois dut être reprise en 1985 par le gouvernement fédéral. En 1990, Drexel Burnham Lambert, une prestigieuse banque d'investissement, fut mise en liquidation judiciaire et son *trader* le plus illustre, Michael Milken, alla en prison. En 1991, la Bank of New England subit le même sort. La même année à Londres, la mystérieuse BCCI (Bank of Commerce and Credit International) cessa ses règlements et révéla d'immenses pertes cachées. Contrairement à l'idée que s'en fait le public, les banques sont des entreprises fragiles et donc exposées aux défaillances.

En août 1990, l'invasion du Koweit par l'Irak fait basculer la conjoncture que la hausse des taux d'intérêts depuis 1989 refroidissait déjà. Les taux de croissance en Europe tombent près de zéro et la bourse, sans panique, baisse pendant plusieurs mois. Surtout, le choc politique modifie les perspectives et fait peu à peu sombrer un marché immobilier qui s'était considérablement emballé dans toute l'Europe et singulièrement en France à la fin des années 1980. Les banques françaises, mais aussi suisses, allemandes et scandinaves, étaient devenues très exposées à la crise d'un secteur d'activité qui avait recours largement au crédit. La part de leurs actifs consacrés à l'immobilier s'était accrue au cours de cette période et ce sont des masses importantes de créances, à leurs bilans, qui vont être fragilisées puis dépréciées. Comme pour les crédits d'Amérique latine, ces établissements sous-estimèrent d'abord les pertes et les provisionnèrent modérément, d'autant que la bourse et les taux d'intérêt à long terme évoluaient favorablement en 1992 et 1993, redonnant de l'optimisme aux marchés et laissant espérer une stabilisation des valeurs immobilières.

En février 1994, Alan Greenspan, inversant la ligne qu'il suivait depuis cinq ans, releva de 25 cents les taux courts de la Reserve Fédérale américaine, de 3,25 à 3,50 %. Cette modeste hausse fut un coup de tonnerre tant elle prenait à contre-pied les marchés largement engagés à la poursuite de la baisse des taux d'intérêt. L'obligation à 30 ans du Trésor américain, l'une des références du marché de la dette longue, perdit 15 % de sa valeur en quelques semaines, son taux d'intérêt ayant grimpé dans le mois de mai de 6 % à 7,5 %. En Europe, le mouvement fut encore plus prononcé et la dépréciation des obligations longues causa des pertes à de nombreux établissements, souvent positionnés à la baisse des taux. Les plus affectés furent les spéculateurs professionnels, comme le fonds de George Soros dont la valeur perdit en deux jours 650 millions de dollars US. Tous ceux qui avaient déjà parié sur la convergence des taux d'intérêt des pays de l'Union européenne ou sur la baisse des *spread*, les marges payées par les émetteurs de dette plus risquée que celle des meilleurs gouvernements, durent constater des dépréciations fortes de leurs portefeuilles qui, dans les banques, se traduisirent en temps réel en pertes de résultats. Plus profondément la perspective d'une nouvelle hausse des taux d'intérêt brisa net l'espoir d'un palier dans la crise immobilière en Europe. En 1994 et 1995, les banques et les compagnies d'assurance durent reconnaître des pertes au titre de leurs seuls engagements immobiliers de plus de 100 milliards FF. C'est alors qu'elles engagèrent des procédures de *défaisance* d'actifs que certaines conduiront elles-mêmes, d'autres comme la Compagnie de Suez bradant leurs créances à des banques d'investissement américaines qui en géreront avec grand profit la disposition.

Allégées par ces purges, les banques et les compagnies d'assurances connurent de 1995 à 1997 de bonnes années de croissance et de profitabilité. Les marchés étaient porteurs en Occident comme dans les pays émergents. Ce fut l'âge d'or des *hedge funds* qui paraissaient offrir de nouvelles techniques de *trading* et d'arbitrage aussi juteuses que peu risquées. De nombreuses banques finançaient ces fonds à des conditions très rentables, les plus sophistiquées cherchant à les imiter et à répliquer leurs savants montages. Pourtant, en milieu de la période, Barings, une des plus anciennes et prestigieuses banques d'affaires de Londres, découvrit un soir qu'un de ses *traders* de Singapour avait perdu plus d'un milliard de dollars US dans une spéculation à la Bourse de Tokyo. La banque fut vendue en catastrophe à la puissante ING, société hollandaise de banque et d'assurance, et le marché n'en fut pas longtemps affecté. Chacun se disait qu'il s'agissait du pari fou d'un mégalomane, mal surveillé par des *gentlemen merchant bankers* dépassés par la complexité nouvelle des opérations de leur banque. Néanmoins, beaucoup d'établissements révisèrent alors leurs procédures de contrôle interne.

Si la crise de la Barings évoquait l'interminable marasme du système financier japonais, tel n'était pas le cas du reste de l'Asie qui avait connu ces dernières années sa plus brillante croissance, attirant les capitaux du monde entier. En réalité l'excès de crédit dans toutes ces économies et souvent la surévaluation des monnaies locales masquaient de graves faiblesses financières des entreprises et parfois des États. En juillet 1997, la Thaïlande laissa flotter sa monnaie et reconnut les grandes difficultés de ses établissements financiers. La crise s'étendit très vite à l'ensemble de l'Asie à l'exception de la Chine dont les banques étaient sous le contrôle de l'État et qui avait les moyens de défendre sa monnaie et même, éventuellement, celle de Hong Kong. Toutes les banques internationales durent de nouveau constituer des provisions, mais instruites par les années 1980 en Amérique Latine et beaucoup plus prospères, elles le firent massivement, ce qui leur permit de négocier plus efficacement leurs retraits de certains crédits repris par des créanciers locaux. Dès le second semestre 1998 la communauté financière eut le sentiment d'un redressement des économies asiatiques. La bonne conjoncture américaine et européenne permit d'accroître les exportations, améliorant la situation des paiements extérieurs en dépit des sorties de capitaux. Les pays commencèrent de purger leurs mauvaises créances bancaires et de nouveaux gouvernements, réputés plus intègres, se mirent en place en Indonésie, en Thaïlande, puis aux Philippines. En réalité, le chemin de l'apurement des mauvais crédits sera encore long et ce n'est que dans les années 2000 que seront résorbées les difficultés les plus graves, par exemple des immenses *chaebols* coréens ou des grandes banques thaïlandaises.

Mais la crise des pays émergents devait rebondir. Le 17 août 1998, un nouveau choc était assené aux marchés. La Russie de Boris Eltsine déclarait le moratoire de sa dette internationale et intérieure et laissait flotter sa monnaie. Encore une fois la frontière du risque était repoussée : non seulement les États faisaient défaut mais l'un des plus grands, un État nucléaire aussi pouvait défaillir. Et la Russie avait l'audace non seulement de cesser ses paiements en devises mais encore de « moratorier » ses dettes en monnaie locale, celle dont, en théorie, un État peut faire créer sans limite le numéraire par une banque centrale obligeante. Après quelques jours le message fut compris et partout dans le monde les investisseurs cherchèrent à se dégager à tout prix des actifs à risque et à se réfugier dans les valeurs du Trésor, américain de préférence. La montée brutale des marges sur tous les autres titres et la baisse des bourses créèrent de profondes turbulences sur les marchés et des risques nouveaux pour ceux qui y avaient pris des positions, même les mieux bordées. En septembre 1998, un mois après le moratoire russe, LTCM (Long Term Capital Management), la star des *hedge funds*, tomba en défaut après avoir perdu en quelques semaines les trois quarts de son capital de 3,5 milliards de dollars US. LTCM s'était engagé dans des spéculations de plus en plus variées et de plus en plus complexes sur toutes sortes d'instruments financiers. Pour ce faire, le fonds avait emprunté plus de 100 milliards de dollars US d'actifs au système bancaire, sans compter les 1 000 milliards de dollars US d'engagements de contrepartie des contrats de dérivés conclus également avec les banques. À l'initiative de la Réserve Fédérale, un groupe de banques en prit le contrôle pour assurer sa liquidation sans déprimer davantage le marché. Ainsi le moratoire de la dette russe annoncé par le nouveau régime du Kremlin, comme l'avaient fait les Bolcheviks quatre-vingts ans plus tôt, pouvait-il mettre en échec les prix Nobel d'Économie réunis par la Maison la plus sophistiquée qui se soit jamais constituée à Wall Street. Leurs modèles ne résistèrent pas aux turbulences créées sur les marchés de capitaux par une grossière répudiation de dette souveraine, comme l'histoire en avait connu depuis ses origines.

L'intervention de la Réserve Fédérale de New York coupa net le risque de contagion systématique qu'aurait provoqué une vraie faillite de LTCM du fait de son endettement et surtout d'un dénouement trop soudain de ses positions et de ses investissements. Les *hedge funds* et leurs banques comprirent la leçon et réduisirent désormais le levier de crédit de leurs opérations. Si elle agita Wall Street quelques semaines, la chute de LTCM n'altéra pas la grande prospérité américaine de ces années qui se poursuivit en 1999 et au début de 2000. La vigueur des bourses et des opérations financières, notamment les introductions au marché, les fameuses IPO, de sociétés technologiques compensèrent vite dans le bilan des maisons financières les coûts de la crise des pays émergents.

Dès l'été 2000 puis en 2001 le ciel s'assombrit de nouveau. La réévaluation du rythme de déploiement d'Internet, les difficultés des services nouveaux sur les téléphones mobiles et la saturation de leurs parcs renversèrent en peu de mois les anticipations financières de la haute technologie et par contre-coups les perspectives de toutes les économies développées. Le Nasdaq décrocha brutalement de 40 % en 2000, suivi en 2001 de tous les indices. L'inimaginable tragédie du World Trade Center, le 11 septembre 2001, transforma brutalement ce désenchantement en sourde angoisse et finit de plonger les États-Unis dans la récession.

Les erreurs d'anticipation

Les dernières décennies du xxe siècle virent ainsi une succession accélérée d'accidents financiers. Tous les trois ans, parfois moins, survint un retournement, une défaillance qui fit plonger les indices boursiers, mit dans le rouge certaines entreprises, appauvrit les investisseurs et déprécia brutalement des actifs dans les bilans des banques dont certaines n'y survécurent pas. Et pourtant, surtout ces dix dernières années, ce fut une période de prospérité exceptionnelle aux États-Unis, où la croissance au-delà de 3 % par an fut continue, mais aussi convenable en Europe et tout à fait impressionnante dans de nombreux pays d'Asie ou d'Amérique latine, au moins jusqu'en 1997.

À la fois plus fréquentes et mieux supportées, ces turbulences paraissent en réalité inhérentes au processus même de la croissance dans des économies de marché. Un accident financier est toujours le résultat d'une ou plusieurs erreurs d'anticipation. La croissance économique se nourrit d'anticipations comme un moteur brûle du combustible. Produire, investir, transporter, distribuer, assurer, c'est toujours anticiper une demande, un mouvement, un risque. Le rôle de la fonction financière sous ses nombreuses facettes est d'allouer l'épargne présente ou future selon sa validation des anticipations projetées par les acteurs de l'économie. Ouvrir un crédit, garantir le placement d'un titre, y investir l'argent de ses clients sont des actes de confiance dans le projet de l'emprunteur ou de l'émetteur. Les opérations plus complexes qui se sont tant développées depuis dix ans se fondent aussi sur certaines projections économiques qu'elles bordent par des options qui, en principe, en limitent les risques. Ainsi les *hedge funds* cherchent-ils à détecter les valorisations irrationnelles non pas dans l'absolu mais dans la relation entre plusieurs prix, et à miser sur la correction de ces irrationalités. Si une société cotée contrôle une autre société cotée et que la comptabilisation de cette dernière est très supérieure à celle de sa mère, toutes choses égales d'ailleurs, le *hedge fund* achètera la mère et vendra la fille espérant que l'écart injustifié d'évaluation se résorbera. C'est parce qu'il jugeait anormale la valorisation de la livre sterling par rapport aux autres monnaies du système monétaire européen que George Soros a arbitré l'une contre les autres, précipitant sa dévaluation. Mais le même et bien d'autres ont beaucoup favorisé l'avènement de l'euro en pronostiquant une convergence des marges d'intérêt effectivement payés par les pays européens. Ils se sont portés acquéreurs d'obligations d'État italiennes ou espagnoles émises avec des marges élevées parce que ces pays avaient historiquement un crédit moins élevé que l'Allemagne ou la France. Et ils ont vendu à terme les *bunds* de la République fédérale, ceux qui bénéficiaient de la notation la plus élevée. Leur anticipation était que cette relation allait se modifier parce que les États du Sud voudraient rejoindre la zone euro et c'est sur cette prévision qu'ils ont engagé, avec succès, leurs capitaux. Une transaction qui ne recèle aucune incertitude, et donc aucun risque, ne peut pas être rémunérée au-delà de ses coûts d'administration. Ou alors d'autres facteurs interviennent comme le rationnement par l'autorité publique qui suscite, comme on l'a vu avec l'encadrement du crédit, des rentes de marché noir.

S'il n'y a pas de finance sans anticipation, il n'y a pas de finance sans erreur. Car il est impossible de toujours prévoir correctement l'avenir. Les mathématiciens démontrent qu'il n'est même pas possible de prévoir la probabilité d'erreurs d'anticipation car celle-ci est loin d'être constante. L'erreur peut porter sur la pérennité d'une entreprise respectée de tous – Swissair –, sur le calendrier d'une technologie nouvelle – les licences téléphoniques de la troisième génération –, sur un audacieux projet politique – l'euro –, sur une politique monétaire nationale – le rattachement du peso argentin au dollar –... Qui peut dire avec sérénité qu'il aurait d'emblée choisi la bonne réponse à toutes ces interrogations ? Certes, comme le boursier joue à être riche en consultant une vieille cote, on peut rétrospectivement s'étonner de la crédulité ou du grégarisme des financiers. Certains repères évidents n'ont-ils pas été grossièrement négligés, et d'abord la cohérence économique d'ensemble des projections ? Au milieu des années 1990, de nombreux économistes prévoyaient encore en Asie des courbes de croissance qui, en moins de vingt ans, portaient le PNB de l'Asean au-dessus de celui des États-Unis, ce qui stimulait sans limites l'intérêt des investisseurs pour la zone. Plus près de nous, en 1999, les capitalisations boursières cumulées des entreprises de télécommunication et d'Internet n'avaient plus de rapport réaliste avec les flux de bénéfices que ces entreprises pouvaient laisser espérer même dans les scénarios les plus optimistes. Certains réflexes du bon sens le plus pratique n'ont-ils pas été endormis ? À Séoul, le groupe Daewoo a accumulé des banques du monde entier, y compris des plus prestigieuses, des engagements proches de 100 milliards de dollars US, alors que depuis de nombreuses années son président, omnipotent, tenait aux banquiers des discours hermétiques et refusait de leur communiquer le début d'une information fiable sur les finances d'un groupe devenu insaisissable dans sa diversité. Tous nous fûmes coupables de paresse intellectuelle et d'indolence pour n'avoir pas voulu voir la démesure de certaines situations. Les financiers ne sont pas plus rationnels que les membres des autres corporations. Ils se partagent en permanence en deux troupes toujours d'inégales dimensions. D'un côté les optimistes, les fameux *Bulls*, ceux qui croient à la hausse des valeurs, des indices et donc de l'activité parce qu'au total les bonnes nouvelles l'emportent sur les mauvaises ; de l'autre les pessimistes, les *Bears*, les baissiers qui voient partout l'opposé. Les financiers se portent d'un groupe à l'autre, suivant on ne sait quel modèle, quel préjugé ou quel gourou. Mais la nature humaine est ainsi faite que la majorité se sent plus à l'aise du côté des *Bulls* et prêts à les suivre de nouveau sur le chemin de l'optimisme. Dans le cruel mais pénétrant petit livre qu'il a consacré aux crises financières, J. K. Galbraith attribue ces engouements répétés des financiers à la fascination qu'exerceraient sur eux les gens qui ont fait une fortune rapide. Sans doute parce qu'ils sont eux-mêmes assez médiocres, les financiers considèrent, dit Galbraith, que ces gains rapides sont le signe d'une vive intelligence et qu'il faut donc, les yeux fermés, emboîter le pas de ceux qui les ont réalisés. Or la fortune soudaine peut provenir du talent mais aussi de la chance, voire de la tricherie, et il n'est pas toujours aisé de faire le tri.

Si l'accident fait partie du voyage de la croissance, du moins les financiers doivent-ils *a priori* chercher à en minimiser les conséquences et *a posteriori* de les corriger le plus vite possible. Les systèmes financiers ont fait depuis vingt ans à cet égard de réels progrès. Si l'évacuation du risque est impossible, du moins sa maîtrise peut-elle être approchée pour les risques de masses. Les crédits immobiliers ou à la consommation accordés au grand nombre relèvent des techniques statistiques que l'assurance utilise depuis toujours. Il s'agit alors de prévoir les taux de survenance de défaut et de s'en garantir par une tarification correcte, comme on fait en matière d'accidents d'automobile. Pour les grands risques, plus individualisés et moins homogènes, les banques ont peu à peu appris à les disperser et à en transférer une grande partie aux investisseurs, soit sous forme de titrisation, soit en acquérant sur les marchés dérivés les produits aujourd'hui les plus pointus qui les garantissent contre des scénarios de détérioration du crédit d'ensembles homogènes de débiteurs. Si elle doit se produire, la perte sera éclatée entre un plus grand nombre et compensée par une rémunération plus élevée. Les risques pour le système seront alors moins élevés. Les actionnaires et les analystes incitent les banques comme les compagnies d'assurance à mesurer très vite les conséquences des turbulences financières et à les inscrire au plus tôt en pertes. Pour eux, il faut déblayer la route des accidents du passé tant ils craignent les mauvaises surprises. Les banques aujourd'hui doivent mobiliser des fonds propres élevés afin de satisfaire les demandes de régulateurs publics et des agences de notation. Aussi leurs conseils d'administration, plus conscients de leurs responsabilités, demandent un inventaire rapide des pertes et les mesures de redressement correspondantes. Cette rapidité de correction est positive et elle explique, dans une large mesure, pourquoi cette succession d'accidents ne s'est pas transformée en crise économique, comme par le passé.

La finance subordonnée

Si les accidents financiers sont inhérents au système actuel, le moyen le plus sûr de les réduire n'est-il pas de changer le système et d'éliminer les financiers, ou tout au moins de les subordonner à d'autres décideurs ? C'est bien ce qu'ont fait naguère les pays socialistes de l'Est, la Russie et la Chine. Comme il faut bien allouer l'épargne disponible entre les différents emplois possibles et pour ce faire anticiper la valeur ajoutée par chacun de ces projets, ce sont les projections et les choix des autorités politiques qui décident des financements, du crédit et plus généralement de l'allocation de l'épargne. La finance a perdu sa fonction d'examen critique et de validation autonome. Elle exécute les décisions des politiques. Des pays non socialistes, comme le Japon ou la Corée, ont pratiqué aussi la subordination de la finance aux plus puissants industriels qui utilisaient au besoin les technocrates d'État comme courroie de transmission avec les banques. En Europe de l'Est, il a fallu attendre la chute du communisme pour mesurer l'immensité des dégâts provoqués non seulement dans les banques mais au sein des entreprises même par cette ignorance des données financières les plus élémentaires. En Chine où le changement politique est progressif, la vérité perce peu à peu. D'immenses non-valeurs figurent à l'actif des banques, peut-être jusqu'à 50 % de leurs crédits. C'est au Japon que la situation paraît aujourd'hui la plus grave compte tenu du développement industriel du pays et du facteur aggravant des dépréciations boursières que la Chine risque de connaître aussi. Car là où seule prévaut, dans l'allocation des ressources, l'anticipation du politique ou de l'entrepreneur, sans aucun examen critique, l'erreur n'est pas moins fréquente et la spéculation non plus, comme on l'a vu au Japon et même en Chine, comme en témoigne l'extrême volatilité des jeunes bourses d'actions. Mais à la différence de l'Occident, l'inventaire n'est jamais fait ou avec un extrême retard et la correction est sans cesse différée. Or ces créances irrécupérables ne sont pas des abstractions. Elles ont pour contrepartie des dépôts qui appartiennent à des millions d'épargnants. Il faudra bien financer leur destruction et ce sera pour ces économies une lourde et douloureuse ponction. Quant aux entreprises qui se sont épuisées dans ces hémorragies depuis de longues années, le redressement en sera aussi plus déchirant. Ce sont ces erreurs d'allocation de ressources, conséquence elle-même d'anticipations erronées, qui expliquent le lancinant marasme japonais. Subordonner les financiers n'a pas réussi à l'économie du Soleil levant.

La sur-crise française

Y a-t-il eu une sur-crise française ? Le montant des pertes subies par les entreprises financières en France, pendant la décennie 1990 a-t-il été supérieur, en proportion de son PNB, à celui des autres pays d'Europe ? On peut le penser même s'il n'est pas aisé de mesurer les provisionnements respectifs des banques qui n'ont en la matière ni les mêmes politiques ni la même transparence. Un fait majeur émerge cependant : la charge pour l'État des pertes subies par les entreprises publiques qui durent être secourues – le Crédit lyonnais, le Comptoir des Entrepreneurs, le Crédit foncier de France, le Gan UIC, la Banque Worms, filiale de l'UAP, le Crédit chimique, filiale des AGF, la Société marseillaise de Crédit, le CEPME... Même si le coût final du Crédit lyonnais est encore incertain, du fait notamment des risques californiens, une évaluation prudente de l'ensemble dépasserait les 175 milliards de francs de 1994 à 2001. Ajouté aux provisions substantielles qu'ont dû constituer toutes les banques, et en particulier les compagnies financières Suez et Paribas, privatisées avant cette date, un tel fardeau évoque bien une sur-crise française. Les pertes immobilières représentent certainement plus de la moitié de ces charges mais il faut y ajouter des créances industrielles irrécouvrables, des dépréciations de titres, des positions de marché malheureuses, des avances sur projets irréels, des escroqueries... Certes les actionnaires des entreprises et les finances publiques ont au total absorbé cette dépense qui s'est tout de même substituée à des investissements plus utiles. Mais la charge demeure surprenante au cours d'une décennie qui ne connut qu'une année de croissance légèrement négative, en 1993, et donc pas de vraie récession.

C'est dans notre culture nationale qu'il faut d'abord chercher pour comprendre. À peine élu président en 1995, Jacques Chirac choisit Singapour pour lancer une diatribe contre les banques de son pays, coupables de refus de financement des PME. Il est peu d'hommes politiques qui ne reprennent avec délectation ce thème de la frilosité des banques françaises, comme d'ailleurs des compagnies d'assurance, parce qu'ils le savent populaire. Comme le montre la période récente, rien n'est plus inexact. Influencées malgré tout par cette opinion commune, les banques françaises ont eu tendance à prêter trop aux PME comme aux autres entreprises et d'une manière générale, promptes à « dire oui », elles se sont révélées trop laxistes. S'agissant des PME, Jacques Chirac en avait sous les yeux en 1995 la preuve la plus manifeste avec les quasi-faillites de la majorité des Sociétés de développement régional (SDR) puis du Crédit d'équipement des petites et moyennes entreprises (CEPME), institutions créées précisément pour accompagner les banques dans le financement des PME. Certes une économie de marché dynamique vit du mouvement incessant de naissances, de croissance puis de mort de petites entreprises fondées ou agrandies par des entrepreneurs. Un taux de sinistres relativement élevé est naturel dans cette population, mais personne ne gagne à ce que les banques favorisent artificiellement des croissances trop fragiles dont l'effondrement au premier souffle contraire peut avoir un coût économique et humain élevé.

La critique repose surtout sur une confusion que, curieusement, personne ne paraît vouloir dissiper. Selon nos éternels Bouvard et Pécuchet, les banques devraient fournir à leurs clients des fonds propres ou à la rigueur des crédits longs, « remboursables en cas de succès ». Or les banques ne doivent pas consentir directement ce type de concours. Leurs ressources proviennent des dépôts de clients qui entendent bien que l'établissement puisse les leur restituer à tout moment et dans leur intégralité ; et leurs capitaux propres sont destinés exclusivement à garantir leur solidité financière, c'est-à-dire leur engagement à l'égard des déposants. Une dépression économique forte, qui provoquerait des pertes élevées dans le portefeuille de risques d'une banque, s'accompagnerait d'une forte baisse des valeurs des entreprises, cotées en bourse ou non. Si la banque avait investi ses fonds propres dans de telles valeurs, elle les verrait fondre au moment où elle en a le plus besoin. Ce cumul potentiel de risques n'est nullement invraisemblable dans un scénario du pire même si la conjoncture des dernières années nous en a heureusement préservés.

Si la prudence commande de tenir les banques à l'écart de capitaux à risques, qui donc apportera ceux-ci aux jeunes entreprises prometteuses qui en ont tant besoin ? L'économie américaine, championne toutes catégories de la création et de la croissance rapide d'entreprises qui peuvent devenir en moins de vingt ans les premières mondiales, nous donne une réponse claire. Ce ne sont certes pas les banques commerciales auxquelles cet emploi est quasiment interdit, ni les organismes publics, comme la Small Business Administration, intéressante mais anecdotique. Ce sont bien sûr les particuliers, soit par les investissements directs d'un parent ou d'un voisin, soit par leur souscription à des fonds spécialement consacrés à cette fin et dont ils savent qu'ils portent les risques de gains et de pertes correspondant à ce type de placements. Ceux-ci, débouchant souvent sur des cotations en Bourse, ont considérablement enrichi puis, depuis mars 2000, appauvri les Américains. Mais c'est un atout du pays que de posséder une vaste classe moyenne supérieure qui a les moyens mais aussi le goût de financer les vrais risques d'une croissance rapide. Prenons garde qu'à force de tailler les riches ou de les pousser à l'émigration au nom de la réduction des inégalités, notre pays ne se prive d'un atout comparable.

La confusion des idées sur les rôles respectifs des acteurs financiers a été entretenue par une analyse historique inexacte du trop fameux « capitalisme rhénan ». Si les banques allemandes détiennent des participations dont elles ont hâte aujourd'hui de se défaire, ce n'est nullement par choix stratégique mais à la suite des crises graves du début du siècle qu'a connues le pays et qui les ont conduits, faute de mieux, à prendre en gage les titres d'entreprises malades. Le national-socialisme a ensuite encouragé cette tendance que les gouvernements successifs depuis 1945 considèrent au contraire avec méfiance. En France, la réglementation des années 1980 encourageait plutôt les banques à détenir des participations industrielles puisqu'un règlement de 1985 les autorise à en porter jusqu'à hauteur de la moitié de leurs fonds propres. Les gouvernements successifs y trouvaient leur compte, ceux de droite pour constituer les noyaux durs, ceux de gauche, au temps du « ni-ni », pour redistribuer les participations à l'intérieur du secteur public et alléger l'investissement direct de l'État.

Cette culture du mécénat bancaire des entreprises, si largement partagée dans notre pays, s'est répandue avec la nationalisation et l'arrivée de nouveaux présidents de gauche ou de droite soucieux de marquer leur contribution aux yeux de leurs nouveaux collaborateurs comme à ceux du ministre. C'est le plus souvent par une acceptation plus large de risques que se marque le nouveau règne. Il faut un grand métier ou un sens subtil du paradoxe pour aborder un nouveau mandat avec des consignes de prudence redoublée, comme le fit Michel Pebereau au CCF, il est vrai assez sinistré, ou encore Jean Peyrelevade arrivant au Suez. Dans l'univers plus nouveau de l'UAP, cinq ans plus tard, il laissera davantage faire. À l'opposé, Jean-Yves Haberer, comme avant lui Jean-Maxime Levêque, incarna jusqu'à la caricature « l'homme neuf qui va re-dynamiser la Maison ». Dans ses mémoires, comme dans les conversations que nous eûmes alors, Jean-Yves Haberer évoquait les perspectives d'une forte croissance à venir et la mauvaise surprise qu'avait constitué le retournement de 1993. En réalité, aucune conjoncture ne pouvait valider les crédits ou les investissements du Crédit lyonnais à cette époque. À peu d'exceptions près, François Pinault en est une, ils n'ont pas vraiment promu un tissu d'entreprises neuves ou nouvellement développées. Tout au contraire, dans certains cas, cet homme sévère et intègre a même laissé ses équipes ouvrir la porte à des faisans qui s'en sont donnés à cœur joie, au détriment d'affaires plus méritantes.

La stratégie de banque-industrie et de croissance forcenée suivie par le Crédit lyonnais alors première banque française, de 1987 à 1993, a constitué un relâchement de la prudence bancaire pendant cette période, qui a fait dériver toute la profession. Mais il serait injuste de lui imputer tous nos péchés. Si quelques sages ont su éviter beaucoup d'embûches, mais jamais toutes, nous fûmes nombreux à faire un chemin avec la horde des *Bulls* qui financèrent la hausse des valeurs parce qu'ils croyaient qu'elle se poursuivrait… encore un peu. À la Banque Indosuez, nous avions su sortir à temps de l'emballement latino-américain après que j'eus dès 1980 réorienté la maison vers l'Asie, sa terre d'origine. Nous fûmes moins lucides face à l'emballement immobilier, convaincus, comme nous l'avions expérimenté plusieurs fois, que l'inextinguible soif des maisons japonaises pour les immeubles parisiens allait encore se poursuivre. Car les *Bulls* trouvent toujours de bonnes raisons de continuer…

Plus fondamentalement, la gouvernance de nos maisons n'était pas propice à un contrôle sérieux de nos politiques de risques. Ni par leur organisation ni par leur pratique ni même par les hommes qui les composaient, les conseils d'administration pouvaient jouer le rôle d'évaluation et de questionnement qui doit être le leur. Les analystes boursiers étaient eux aussi influencés par le climat ambiant d'optimisme.

Les choses ont changé. Si la finance française est exposée comme les autres à l'alternance de prospérité et de récession, la probabilité de sur-crise est plus faible. Mais elle doit affirmer son autonomie et ses propres repères, notamment vis-à-vis des sirènes de la banque-industrie. Des industriels aiment bien opposer l'économie financière à l'économie réelle… entendant par là que la première est virtuelle et donc sans fondement ni conséquences concrètes. Les gains et les pertes subies depuis vingt ans montrent combien cette opposition est trompeuse. L'économie financière est aussi réelle que l'économie physique dont il faudrait la distinguer. À vouloir en ignorer les ressorts propres on s'expose à des sinistres bien réels pour les entreprises et pour leurs dirigeants.

CHAPITRE 3

L'État divisé contre lui-même

Aucun peuple n'aime vraiment ses financiers, pas même les Suisses ou les Anglo-Américains, contrairement à l'idée reçue. Certes les gouvernants de ces pays mesurent la contribution à la prospérité nationale de leurs industries bancaires, comme la City de Londres par exemple. Mais ils sont souvent soumis à la pression de l'opinion pour brider leurs pouvoirs réels ou imaginaires. Dans la plupart des pays, cette méfiance conduit à davantage de contrôles prudentiels et de réglementation protectrice des consommateurs pour éviter notamment de trop grandes concentrations. En France, jusqu'à une date récente, la défiance conduisait à l'acte ultime de mise en tutelle, la nationalisation. Par un paradoxe caché, elle élevait ainsi les banques à la dignité et aux privilèges du secteur public. Cette contradiction ancienne s'est épanouie dans toute sa splendeur après 1981 et marque encore notre vie financière en dépit du rétrécissement mais non de la disparition d'un secteur financier public. L'État banquier ne fait pas bon ménage avec l'État régulateur qui doit fixer les règles du jeu et organiser les contrôles d'établissements dont la solidité et l'intégrité sont essentielles pour le fonctionnement de l'économie.

L'État banquier

L'État propriétaire de banques et donc banquier lui-même admet mal ces entraves. Rien de ce qu'il fait ne peut être condamnable puisqu'il agit en vue du bien public. Selon la vieille pratique française, sa légitimité politique l'élève au-dessus des autres acteurs de la vie sociale. Et d'ailleurs les hommes qui gèrent ces intérêts sont placés tout en haut de la pyramide mandarinale, à l'égal des régulateurs suprêmes. « Le gouverneur de la Banque de France a été comme moi nommé en Conseil des ministres par le chef de l'État. Pourquoi lui devrais-je obéissance ? » disait avec délectation le jeune Jacques Mayoux à la tête d'une Caisse nationale de Crédit agricole encore établissement public. Dans la réalité du microcosme français, surtout mais pas seulement après la révolution de 1981, de nombreux chefs d'entreprises nationalisées étaient des barons du régime proches du monarque, à tout le moins du parti majoritaire. D'autres étaient d'anciens régulateurs promus à des places plus lucratives. Comment des contrôleurs plus modestes n'auraient-ils pas été saisis de frayeur à l'idée de censurer ou même de questionner de tels pontifes ? Et comment attendre des barons qu'ils se censurent mutuellement ? Le silence des mandarins retenus par le tissu complexe de relations qu'ils entretiennent entre eux et avec le Prince explique pour une bonne part les défaillances du contrôle public à l'égard du Crédit lyonnais, du Crédit foncier, du GAN ou de beaucoup d'autres. Le face à face de Jean-Yves Haberer, derrière qui se profilait l'ombre du tout puissant Pierre Bérégovoy, avec Jacques de Larosière et Jean-Claude Trichet, ses tuteurs, tous trois anciens et actuel directeurs du Trésor, gouverneurs de la Banque de France en exercice, futur ou possible, relève plus du théâtre de Pirandello que du contrôle bancaire. C'est le procès du système bien sûr qu'il faut ici instruire et non celui des hommes.

Car la propriété publique redispose les institutions elles-mêmes dans son nouveau champ de forces. Il n'est pas étonnant que les services de l'État, même les plus prestigieux comme la direction du Trésor, s'effacent derrière leurs ministres sur des sujets qui touchent des enjeux ou des personnalités jugées politiquement influentes. Jeune fonctionnaire de cette administration, j'avais eu en 1970 l'inconsciente fraîcheur de proposer la fusion du Crédit foncier de France et du Comptoir des Entrepreneurs dont absolument rien ne justifiait la dualité, sauf la guerre à la Montaigu et Capulet que se livraient depuis toujours leurs dirigeants et leurs personnels. La mesure aurait épargné sans doute au fil des années bien des deniers à l'État. Valery Giscard d'Estaing, le ministre, n'était pas alors porté à la réforme et surtout ne voulait pas croiser le fer avec le gouverneur du Crédit foncier, Roger Goetze, ancien conseiller du général de Gaulle, qui s'étrangla en apprenant la proposition. On me fit entendre que j'étais payé pour servir les institutions et non pour les bousculer. Après 1981, la direction du Trésor redoubla, s'il était possible, de prudence quant au devenir des entreprises financières, comme je le remarquai bien plus tard en échouant à l'intéresser à la fusion des AGF et du GAN.

Plus surprenant a été jusqu'à une période récente l'agnosticisme absolu de la Banque de France à l'égard du tissu bancaire et financier. Il faut remonter aux années 1950 et 1960 pour voir des gouverneurs soutenir activement, par exemple, la croissance des établissements spécialisés et notamment de la jeune Compagnie bancaire de Jacques de Fouchier, jugeant que ces acteurs nouveaux jouaient un rôle important dans le financement à moyen terme du logement et de l'équipement. Au cours des vingt dernières années, les dirigeants de la banque ont été totalement accaparés par des projets majeurs d'économie monétaire, la sortie de l'encadrement du crédit, la nouvelle régulation monétaire et surtout l'avènement de l'euro. Tous et notamment l'actuel titulaire, Jean-Claude Trichet, ont rendu à cet égard d'irremplaçables services. Mais c'était toujours une surprise pour les professionnels, surtout les visiteurs étrangers, de voir combien la banque centrale était réservée, voire muette sur les sujets touchant aux stratégies d'évolution du système bancaire français. Peut-être le tempérament des hommes a-t-il joué son rôle ? Mais c'est bien sûr le primat de la propriété publique qui inspirait cette réserve inhabituelle dans des pays comme le Royaume-Uni, l'Italie ou l'Espagne où les banques centrales ont à l'égard des banques des attributions voisines de celles de la Banque de France. Les privatisations puis les turbulences inhérentes à un secteur privé plus exposé au changement ont commencé à changer ces attitudes et ces pratiques. Mais l'évolution prendra du temps car les traditions sont fortes et parce que même réduit, un vaste secteur financier public demeure dans notre pays.

Le secteur public d'aujourd'hui

Au milieu des années 1990, il est apparu que le programme de privatisations financières allait buter sur une nouvelle frontière. Les services financiers de la Poste, la Caisse des Dépôts, la Caisse nationale de prévoyance, la Banque des petites et moyennes entreprises formaient un royaume à part, interdit de privatisation. En toute objectivité, aucun argument théorique ou pratique ne peut justifier un tel tracé. De nombreux pays ont privatisé leurs banques postales, souvent avec succès et, bien entendu, les activités qui relèvent chez nous du groupe de la Caisse des Dépôts. C'est donc simplement *hic et nunc* la frontière idéologique et surtout syndicale de résistance à la privatisation que les gouvernements de gauche comme de droite ont décidé de reconnaître.

Les masses financières ainsi isolées sont loin d'être négligeables. Au 31 décembre 2000 le total des fonds collectés par la Poste en France s'élevait à 186 milliards d'euros, dont 30 milliards de dépôts à vue, 81 milliards de comptes d'épargne et 75 milliards de provisions d'assurance vie et de titres. Cet encours de collecte n'est pas très éloigné de celui d'une grande banque internationale comme la Société générale qui, à la même date et pour les mêmes catégories de ressources mais collectées dans le monde entier et auprès d'une clientèle plus diversifiée, affichait 197 milliards d'euros. Dans un avenir très proche, tous ces fonds seront gérés par la Poste elle-même ou par des sociétés qui lui sont affiliées, comme la CNP, à l'exception des encours du Livret A transférés à la Caisse des Dépôts. Celle-ci constitue aujourd'hui un groupe diversifié avec un bilan consolidé de 270 milliards d'euros et fin 2000 un montant de fonds propres de 12 milliards d'euros, exactement identique à celui du groupe Société Générale avant le résultat de l'année. La Caisse nationale de prévoyance, à la même date, présentait des fonds propres de 4 milliards d'euros et un total de provisions mathématiques d'assurances vie et capitalisation de 123 milliards d'euros. Désormais cotée en bourse, elle totalisait fin 2000 une capitalisation de 6 milliards d'euros. Depuis toujours, elle détient une position de leader absolu de l'assurance vie en France avec une part de marché de près de 20 %, devant Axa et le Crédit agricole. Les trois groupes publics sont en fait liés entre eux et les chiffres cités se recouvrent partiellement. La Poste détient 18 % de la CNP et la Caisse des Dépôts 36 %, ce qui leur permet d'agréger partiellement les chiffres de la compagnie à leurs bilans. Les accords de gestion de la Caisse nationale d'Épargne avec la CDC ont le même effet.

À proximité de ces trois institutions s'élève le vaste groupe des Caisses d'Épargne récemment transformé en banque mutualiste, mais toujours détenteur, avec la Poste, du monopole du Livret A, le carnet d'épargne défiscalisée que les familles françaises ouvrent à leurs enfants. Les fonds du Livret A sont investis par la Caisse des Dépôts dans le logement social. Aussi l'établissement public a-t-il toujours exercé sur les Caisses d'Épargne un pouvoir qui n'était bordé autrefois que par les élus locaux et la direction du Trésor, toujours friande de la rivalité de ses administrés. Il en va différemment depuis la réforme de 1999 qui tente de transformer le réseau des Caisses d'Épargne en un ersatz du Crédit agricole. Fruit de laborieux compromis, cette réforme plaque des structures très artificielles sur une institution qui a pourtant de fortes racines dans le paysage financier français. Le propre des Caisses d'Épargne est leur proximité des collectivités locales et, à travers elles, des besoins des populations urbaines. Gérées sous le contrôle conjoint d'élus locaux, de délégués de la Caisse des Dépôts et du Trésor, elles pouvaient s'ancrer plus fortement auprès des collectivités locales, par exemple des régions, comme en Allemagne, ou cheminer progressivement vers la privatisation comme en Italie. On a choisi plutôt de les « mututaliser » alors qu'elles n'ont jamais eu d'histoire coopérative. Faute de trouver des mutualistes en chair et en os, on en a créé de virtuels sous forme de sociétés locales d'épargne, étrangères à la philosophie du sociétariat mutualiste. Mais l'essentiel était sans doute, aux yeux des dirigeants de l'institution, d'organiser le réseau et à sa tête la Caisse nationale des Caisses d'Épargne, à la manière de la Caisse nationale de Crédit agricole. Dotée d'un capital de 10 milliards d'euros, sensiblement plus faible que celui de la CNCA, mais forte pour le moment du soutien des dirigeants des caisses, la Caisse nationale commence une carrière bancaire et affiche de grandes ambitions. Conservant le monopole du Livret A, elle demeure sous l'influence de l'État mais rejoint, au moins formellement, la famille des banques mutualistes au sens de la loi de 1984.

Tel n'est pas le cas de l'ensemble Caisse des Dépôts-la Poste dont la différence est soulignée non seulement par une totale appartenance au secteur public mais aussi par son exclusion du périmètre d'assujettissement à la loi bancaire, dite pourtant « universelle », de 1984. Ainsi la Banque de France n'a-t-elle compétence ni pour connaître ni *a fortiori* pour contrôler l'activité d'une des plus importantes entreprises de services bancaires du pays ou encore celle d'un établissement public intervenant massivement sur le marché des capitaux.

Une telle autonomie n'est guère explicable, si ce n'est par les susceptibilités sémantiques des syndicats ou protocolaires des chefs d'établissements. Mais on pourrait après tout assez bien concevoir le maintien d'un secteur financier public auquel l'État assignerait de vraies missions d'intérêt général mal assurées par les autres acteurs et dans la tradition de ces établissements. Les chèques postaux ont rendu de vrais services jadis à des salariés modestes qui y trouvaient les coûts mesurés et la commodité d'un service dont les banques se désintéressaient. C'est au guichet de la Poste que depuis le début du siècle la CNP a été pionnière d'une assurance vie populaire aussi bon marché qu'il était possible et qui a aidé tant de familles dans la détresse d'un accident. Aujourd'hui la diffusion de la banque à réseau, sous l'impulsion des mutualistes, apporte à toute la population un bon service compétitif. Mais des politiques d'orientation socialiste pourraient, dans une culture française, défendre un réseau témoin de « banque des moins riches » exonéré par son statut public de l'obligation de forte rentabilité et vigoureusement tourné vers les besoins des plus modestes de nos concitoyens. Des implantations plus fortes dans les banlieues, des tarifs moins chers pour les opérations de faible montant, une assistance clientèle plus attentive, par exemple à ceux qui maîtrisent mal la langue.

S'agissant de la Caisse des Dépôts, le modèle français peut également justifier le maintien d'un holding financier d'État qui bénéficie à ce titre de l'immense privilège de la garantie de la collectivité nationale et qui n'est pas de ce fait astreint aux mêmes exigences de rentabilité que les acteurs privés. Loin de concurrencer ceux-ci, il pourrait concentrer ses interventions non seulement sur le logement social mais aussi sur le financement de projets de longue haleine. C'est Eurotunnel et les TGV que la Caisse des Dépôts devrait ainsi financer et non les PME pour lesquelles rien n'est plus étranger qu'un établissement financier public et parisien. Lorsqu'il avait abandonné définitivement toute tentative de privatisation du groupe, le gouvernement socialiste de 1998 avait, par la voix de Dominique Strauss-Kahn, tenté d'esquisser les vocations particulières d'un secteur financier public. Mais les termes en étaient très vagues, sans s'interdire parfois la facilité d'une référence ramasse-tout à la « promotion de l'innovation financière ». Car étrangement, ceux-là mêmes qui défendent avec acharnement le statut public de ces institutions ne veulent pas entendre parler de vocation particulière. Les dirigeants, les personnels, les syndicats, sûrs des forces de leurs établissements et fiers du chemin déjà parcouru, veulent poursuivre leur développement sans entraves et sans cantonnement, dans les pas de leurs meilleurs concurrents. Ainsi la Poste est-elle à la pointe des technologies de la monnaie électronique et améliore sa part de marché des cartes de paiement ; elle offre des produits d'assurance vie multi-supports, les plus sophistiqués et les plus risqués, évidemment peu faits pour la clientèle populaire et s'enorgueillit à juste titre de la qualité de sa société de gestion d'OPVCM d'actions, la deuxième du marché. Elle offre de plus en plus de services aux entreprises et s'affirme comme un acteur majeur de la gestion de flux de trésorerie. La CNP concurrence aujourd'hui les compagnies d'assurance vie sur tous les segments de clientèle. Mais sa grande affaire est l'expansion internationale et elle débarque aujourd'hui, à grand frais, sur deux immenses marchés lointains et complexes, le Brésil et la Chine. À la Caisse des Dépôts, Daniel Lebègue, avec une habileté inouïe, réussit ce que ses prédécesseurs n'ont pu faire, créer une puissante activité concurrentielle à l'intérieur du statut public. C'est CDC Ixis, banque d'affaires internationale, la seule au monde à bénéficier de l'inaccessible notation AAA délivrée par l'agence de notation Standard & Poor's. À la vérité, c'est bien le moins qu'elle mérite puisque 60 millions de contribuables sont massés derrière elle pour garantir ses opérations. Fort de ce succès, il va beaucoup plus loin et s'en sert comme d'un levier pour rien de moins que nationaliser toutes les sociétés financières du groupe Caisse d'Épargne, filiales de titres et de gestion, Crédit foncier, compagnies d'assurance, sociétés de crédit bail… Toutes rejoignent CDC Ixis dans un holding nouveau dont la Caisse des Dépôts détiendra plus de 50 %, ce qui en fait légalement une société publique. Ainsi s'avance, sous la nouvelle marque « Alliance », le vieux rêve de la Caisse des Dépôts de prendre le contrôle de fait sinon de droit du réseau des Caisses d'Épargne.

Avec bienveillance les médias, comme les politiques, célébrèrent la création du « troisième pôle bancaire français », futur acteur européen de premier plan. Ils relayèrent scrupuleusement les propos des dirigeants qui évoquent des ROE (taux de rendement des fonds propres) élevés et une forte création de valeur. Mais nul ne s'interroge pour qui cette valeur sera créée ni sous quelle gouvernance. Pour un peu plus de la moitié, c'est l'État qui encaissera les gains et les pertes de l'activité. Pour le reste, ce sont les Caisses d'Épargne, et donc leurs sociétaires. Deux entités, deux abstractions, l'une et l'autre sous la gouvernance de conseils ou d'assemblées dont les membres sont instruits et se savent responsables du bien être quotidien de leurs concitoyens, mais certainement pas des chances et des risques d'une banque d'affaires internationale, de courtier de bourse opérant à travers le monde ou de compagnie d'assurance vie tributaire des sautes de la politique brésilienne.

Si le secteur financier public aujourd'hui choisit ainsi les voies de l'expansion tous azimuts et du grand large, il retrouvera tôt ou tard l'inéluctable question de la privatisation. Elle lui sera posée par les concurrents irrités de la garantie implicite de l'État, par les cadres supérieurs frustrés de vraies *stock-options*, par les conseils d'administration effrayés des responsabilités qu'ils n'avaient pas mesurées, par Bruxelles à l'écoute de tous. Sans doute les dirigeants le savent bien et laisseront le débat s'élever à son heure, sûrs de le guider à bonne conclusion, au moins par étapes. Il n'est pas sûr que les choses se passent aussi bien dans des maisons fortement syndicalisées, bastions des idéologies de la propriété publique.

Le difficile apprentissage de l'État régulateur

Hors du secteur public, la privatisation des banques et des compagnies d'assurances favorise l'organisation d'un contrôle plus efficace du secteur financier. Les préoccupations d'actionnaires et le jeu des barons ne viendront plus interférer, du moins plus autant, avec les fonctions de régulateur et de contrôleur qui sont éminemment celles de la puissance publique. Les crises des années 1990 rendent encore plus aigu ce besoin de rénovation de la supervision qui a été engagée depuis plusieurs années. C'est à la Banque de France que l'État a très largement délégué la réglementation bancaire, l'agrément des établissements et le contrôle sur place de leurs activités. Elle-même participe activement à l'harmonisation internationale des règles prudentielles et des méthodes de contrôle. Elle le fait au sein de l'Union européenne et du cercle plus large des membres de la Banque des règlements internationaux de Bâle qui regroupe tous les pays développés. La base des systèmes de contrôle demeure une exigence minimale de fonds propres calculée en raison des risques auxquels ses activités exposent un établissement. À mesure que ces risques se diversifient et se compliquent, le mode de calcul doit s'affiner et prendre en compte les diverses familles de risques. Selon les projets en cours, ce seront les techniques internes de gestion de risques, propres à chaque établissement, que prendront en compte les régulateurs pour déterminer le besoin de fonds propres. Plus que jamais c'est l'actionnaire et sa mise qui sont les garants ultimes de la solvabilité de la banque à l'égard des tiers. C'est pourquoi il est si important dans les métiers financiers, plus exposés aux risques que tout autre, que les actionnaires soient bien éclairés par des mandataires qui les informent complètement parce qu'ils s'informent eux-mêmes avec diligence.

Cela ne dispense pas le public de choisir avec discernement l'établissement où il déposera son épargne ou qu'il choisira comme contrepartie de ses transactions financières, surtout s'il s'agit de celle d'une entreprise ou d'une collectivité. Les agences de notation ont pour mission non de contrôler les entreprises mais d'éclairer le public sur la solidité probable de ceux qui font appel aux fonds du public. Le message d'une mauvaise notation est que les capitaux propres des actionnaires ne seront peut-être pas suffisants à eux seuls pour assurer la solvabilité de l'établissement, par temps difficiles. Il faudrait généraliser l'affichage des notations pour mieux responsabiliser les usagers. Bien qu'il existe aujourd'hui une grande agence française de notation, Fitch IBCA, et plus seulement des maisons sous contrôle américain, les pouvoirs publics demeurent réticents à l'égard de ces évaluations comme s'ils craignaient un dessaisissement de leurs pouvoirs. Ils préfèrent créer pour les banques comme pour l'assurance des fonds de garantie qui sont un encouragement à la négligence des clients puisqu'ils les remboursent de leurs avoirs, même en cas de défaillance des actionnaires. Ces fonds favorisent au bout du compte la mauvaise surveillance car les contrôleurs savent que si une situation trouble leur a échappé, les préjudices seront atténués voire couverts par l'intervention des fonds. Ceux-ci devraient à tout le moins limiter leur protection aux petits épargnants, plus excusables de négligence.

Ainsi dans la banque comme dans l'assurance les fonctions d'agrément et de contrôle ont-elles de vastes champs d'activité devant elles. La Banque de France doit plus que jamais devenir la banque des banques, s'intéresser moins à la santé des entreprises non financières qu'à celle des banques, ce qui constitue encore aujourd'hui pour elle une profonde mutation. Dans l'assurance, c'est à la commission de contrôle appuyée directement sur le ministère des Finances de piloter cette tutelle en se souciant moins du respect d'une réglementation parfois formaliste et plus de la capacité des compagnies à tenir leurs engagements, même les plus longs. Sans doute les deux se rapprocheront-elles un jour compte tenu de l'imbrication croissante des métiers dans les entreprises des deux familles, publique et privée. La priorité aujourd'hui n'est pas celle-là mais bien d'assurer par une tutelle toujours plus éclairée la plus grande sécurité de nos services financiers.

CHAPITRE 4

Le génie français du mutualisme : le Crédit Agricole

S'il n'est pas le plus notoire, il existe bien un vrai génie français du mutualisme financier. Banques coopératives, caisses de crédit mutuel, sociétés mutuelles d'assurances ont pris dans notre pays depuis trente ans un extraordinaire essor. Leurs parts de marché dans les services de masse sont dominantes. Les institutions qui les ont conquises sont le plus souvent solides et bien gérées. Elles pèsent de plus en plus lourd dans la vie économique du pays, les hommes politiques nationaux et locaux leur portent un respect attentif fait d'admiration et de crainte, tant est forte leur implantation. Aucun pays au monde ne déploie à la fois dans la banque et dans l'assurance un secteur mutualiste d'une telle puissance. L'Allemagne et les Pays-Bas s'en rapprochent pour ce qui est des banques coopératives, mais sans atteindre à la cohérence et au rayonnement des françaises.

Nul ne peut étudier la finance française sans essayer de comprendre les ressorts du prodigieux succès mutualiste. Mais comme toute réussite humaine, il est menacé par le triomphalisme et la démesure. Le vent a peut-être commencé de tourner dans ce sens, sur une partie au moins de l'empire mutualiste.

Les banques coopératives

Le secteur bancaire mutualiste, tel que le définit dans ses statistiques la Banque de France, a collecté en 2000 58 % des dépôts et 52 % de toutes les ressources bancaires émanant de la clientèle. Il a consenti 37 % des crédits mais 55 % des crédits à l'habitat et 50 % des crédits à l'équipement. En termes d'activité, il fait donc globalement jeu égal avec l'ensemble des autres banques. Le périmètre ainsi décrit par la Commission bancaire inclut depuis 2000, assez artificiellement, deux familles, les banques coopératives, fortement capitalisées et qui représentent à elles seules 43 % des dépôts et 30 % des crédits ; et les Caisses d'Épargne, beaucoup moins capitalisées aujourd'hui encore et moins diversifiées dans leurs ressources comme dans leur activité.

Les vraies banques coopératives réunissent quatre institutions bien distinctes : le Crédit Agricole mutuel, le Crédit mutuel, les Banques populaires et la plus petite famille du Crédit coopératif. Elles se décrivent tantôt comme mutualistes tantôt comme coopératives, les deux termes étant employés indifféremment. En réalité leur statut est celui de la loi française de 1947 sur la coopération, adaptée par des législations spécifiques à chacun des grands réseaux. Pendant de longues années, des caisses de crédit mutuel refusèrent d'adhérer à l'un ou l'autre de ces réseaux jugés trop officiels. Les autorités de contrôle leur ont mené la vie dure et ces électrons libres ont aujourd'hui quasiment disparu. C'est que chaque organisme de crédit mutuel puise ses racines dans une histoire séculaire, souvent plus régionale que nationale et où le mouvement des idées et des passions a compté autant que celui de l'économie. À l'origine, les pionniers du crédit mutuel auraient pu être français tant la théorie en avait été élaborée par Fourier et surtout Proudhon qui préconisait la création de ces sociétés comme un levier d'avènement du socialisme. Mais ce ne fut pas le cas et c'est en Grande-Bretagne et surtout en Allemagne que se développèrent les expériences dont allaient naître nos institutions. Le mouvement coopératif anglais de Manchester créa surtout des coopératives de production et de consommation puis, en complément de celles-ci, une banque coopérative. Le crédit coopératif français se rattache à cette lignée intellectuelle par certaines facettes de son activité. Mais c'est dans la vallée du Rhin que le bourgmestre de Coblentz, Friedrich Wilhelm Raiffeisen, préoccupé des méfaits de l'usure chez les viticulteurs, créa en 1864 une coopérative de Crédit Agricole. À la même époque un économiste allemand, Herman Schultz-Delitzsch, forma au bénéfice des artisans et des petits entrepreneurs une société de caution mutuelle qui se transforma rapidement en caisse de crédit populaire. Les deux initiatives firent progressivement tache d'huile puis donnèrent naissance aux deux grands réseaux allemands de crédit mutuel, les banques populaires et les caisses Raiffeisen qui fusionneront en 1970 pour former l'unique et puissant Gruppe den Genossenschaftsbanken. Par des voies diverses, ces institutions furent déterminantes dans la naissance de nos groupes coopératifs. Toutefois, à la manière française, l'État fut aussi très présent dans leur création puis dans leur croissance. Cela ne favorisa pas pour autant leur concentration. À la différence de l'Allemagne, les quatre familles de crédit mutuel ne tentèrent jamais sérieusement de fusionner et demeurent aujourd'hui plus attachées que jamais à leurs particularismes. Ceux-ci ont été, il est vrai, forgés par une histoire complexe que les interventions publiques n'ont certes pas contribué à simplifier.

Pourtant le concept fondamental est le même. À la base de toutes ces institutions figurent des sociétés à capital variable et à forme coopérative baptisées selon le cas « caisses » ou « banques locales ». Celles-ci sont constituées par des sociétaires qui souscrivent des parts dont la somme constitue le capital social de la caisse locale. Ces sociétaires sont en droit responsables du passif des caisses, soit de manière illimitée dans les organismes de crédit mutuel les plus purs, soit dans la limite de leurs parts sociales pour le Crédit Agricole. À l'origine, les crédits ne pouvaient être consentis qu'à des sociétaires qui devaient en affecter une partie, environ 1 % de la somme prêtée, à la souscription de parts. Aujourd'hui des crédits peuvent être accordés à des non-sociétaires. Les sociétaires sont responsables de la gestion, mais dans les assemblées des caisses de base ils votent selon le principe coopératif : un homme, une voix. Les institutions sont toutes bâties en pyramides à partir de ces organismes locaux. Les organismes régionaux, s'ils existent, sont l'émanation des caisses locales qui souscrivent leur capital et dont les conseils d'administration élisent le conseil régional et ainsi jusqu'à l'organisme central.

Le droit français a fait d'assez sérieuses entorses à cette cohérence des vrais systèmes mutualistes. L'une, majeure, concerne l'ensemble des sociétés coopératives. Si les sociétaires sont la source unique du capital des coopératives et donc en toute rigueur et conformément à la philosophie d'origine les propriétaires des organismes, le droit français leur interdit tout accès à l'actif net social en cas de liquidation ou de transfert de la société. Ils peuvent seulement prétendre au remboursement, au nominal, de leurs parts et le bonus social doit être transféré à un autre organisme coopératif. Cette disposition prive de beaucoup d'intérêt l'investissement dans les parts de sociétariat et réduit l'engagement moral, *l'affectio societatis*, des membres de base. Sur un plan pratique, elle ôte toute motivation à la démutualisation et la complique considérablement. Or, la démutualisation est aujourd'hui dans tous les pays l'une des voies d'évolution ouverte aux mutuelles si tel est leur choix stratégique, et toutes en débattent largement. D'autres entorses propres à chaque réseau visaient l'organisation et le contrôle par l'État des organismes centraux, tels que la Caisse nationale de Crédit Agricole ou la Caisse centrale des Banques populaires. Datant de l'origine, mais renforcées pendant et après la guerre, à l'époque du dirigisme économique, elles ont souvent disparu aujourd'hui mais ont marqué la vie interne des institutions.

L'essor du Crédit Agricole

Institution reine du mutualisme financier, le Crédit Agricole est sans aucun doute la plus belle réussite de la banque française dans la deuxième moitié du XXe siècle. Son histoire pendant cette période a été celle d'une forte croissance mais aussi et d'abord celle d'une extraordinaire mutation.

C'est un ministre de l'Agriculture de la IIIe République qui fonda le Crédit Agricole. Attentif aux succès de Raiffeisen en Allemagne, le protectionniste Jules Méline fit voter en 1894 la loi qui instituait l'échelon de base du Crédit Agricole, la caisse locale. Quelques années plus tard, c'est encore l'État qui créera les caisses régionales puis en 1920 la caisse nationale, d'abord simple service du ministère de l'Agriculture puis établissement public de caractère administratif. Les gouvernements de la IIIe République s'intéressaient évidemment au financement de l'agriculture qui employait alors 40 % de la population active française. Ils craignaient également qu'un crédit mutuel privé à l'allemande, comme il s'en était créé en Alsace Moselle, mais aussi en France par des initiatives locales éparses dans l'ouest ou la région lyonnaise, soit sous l'influence des presbytères ou des châteaux, en un mot de forces peu favorables à la république. Cette inspiration républicaine marquera longtemps l'esprit de l'institution. Elle subsistera même dans les années 1960 alors que, par le truchement de la Jeunesse agricole chrétienne, une certaine ligne chrétienne démocrate prenait le pouvoir au sein du syndicalisme agricole, créant sinon une tension du moins une subtile différence qui renforça l'identité propre des caisses.

Jusqu'au début des années 1960, le Crédit Agricole se consacra entièrement au financement des agriculteurs, de leurs coopératives et marginalement des autres membres de la population rurale. Ses ressources provenaient encore pour une part de l'État qui contrôlait étroitement toutes ses opérations, notamment à travers les dirigeants, fonctionnaires de la Caisse nationale. Mais il avait obtenu progressivement le droit de collecter l'épargne du public y compris en ville, par l'ouverture de comptes dans de rares agences et par l'émission de titres à long et moyen terme. De ce fait la part de marché des caisses dans la collecte des dépôts était en 1960 de 7 % pour 5,4 milliards de francs, soit les deux tiers de ceux du Crédit lyonnais. Mais la Caisse nationale portait déjà à son bilan un montant équivalent, 6 milliards de francs, de titres à moyen et long termes placés pour l'essentiel par les caisses et transformés en prêts à long terme à l'agriculture. Les fonds propres de l'ensemble de l'institution étaient inférieurs à 1 milliard de francs. Le nombre des sociétaires qui constituaient alors la totalité des clients emprunteurs était d'un million et demi.

Quarante ans plus tard le Crédit Agricole est de très loin la première banque française. Il sert 20 millions de clients dont 5,5 millions de sociétaires et collecte 25 % de l'épargne bancaire, 12 % des encours d'OPCVM et 12 % de l'assurance vie. Il couvre la France avec ses 9 500 guichets, est le premier prêteur aux ménages avec 25 % du marché du financement du logement, mais aussi aux professionnels et aux PME. Ses fonds propres atteignent 28 milliards, soit 18 % des fonds propres de l'ensemble des établissements de crédit. Les prêts à l'agriculture ne représentent plus que 10 % des crédits. Les caisses ne reçoivent aucune aide de l'État et sont soumises aux mêmes règles et impositions que les autres banques. La Caisse nationale a été rachetée à l'État pour 7 milliards de francs en 1987, elle est désormais filiale des caisses régionales, selon la doctrine mutualiste la plus pure. Comment douter que cette conversion et ce développement aient été source d'immenses bénéfices pour l'économie et la société ? Tout en poursuivant sa mission auprès des agriculteurs, le Crédit Agricole a mis en branle la révolution des services bancaires aux ménages. Dans toute la France un service de base aussi bon marché que possible a été offert à tous par de nombreuses agences dotées d'un personnel nouveau mais bien formé. Dès 1970 des sicav correctement gérées ont été proposées à la clientèle. Après quelques hésitations, l'institution a eu l'intelligence de rejoindre les autres banques dans la mise en place d'un système interbancaire de distribution automatique de billets et de paiements par cartes dont il devint ensuite un des principaux moteurs.

C'est dans le domaine du crédit que sa contribution fut la plus forte. Dès le début des années 1970 le Crédit Agricole fut le pionnier d'un crédit à l'habitat plus large et moins cher. Pratiquement seul dans la profession, il fut un ardent promoteur des plans d'épargne logement dont il détenait en 1975 40 % de part de marché. Puis il sut prendre la première place dans la distribution du crédit hypothécaire bon marché que les pouvoirs publics favorisèrent après 1975 pour prendre le relais des financements publics. Il prolongea cette activité par une forte croissance des prêts personnels et à la consommation, plus risqués et pour lesquels il eut la sagesse d'acquérir un grand établissement spécialisé. Plus récemment, c'est sur le terrain de l'assurance que le Crédit Agricole a porté son irrésistible force de conquête. Après des essais malheureux de coopération avec les assurances mutuelles agricoles de Groupama, il décida de faire cavalier seul. En quelques années, il est devenu le troisième assureur vie avec 12 % de parts de marché et une croissance moyenne plus forte qu'Axa, le deuxième acteur qu'il talonne désormais de près. Puis il s'est lancé dans l'assurance dommage des ménages où, à la stupeur des compagnies traditionnelles, il est en train de devenir un acteur tout à fait significatif.

Un tel parcours ne s'est pas fait sans turbulences ni affrontements internes. Il y eut quelques mauvaises gestions dans telle ou telle caisse. L'excès de crédit aux agriculteurs est un risque permanent dont les services de l'État se font parfois plus ou moins les complices, comme on l'a vu en Corse. Le Crédit Agricole a aussi été affecté dans certaines grandes caisses, sans doute plus qu'il a bien voulu le dire, par les excès immobiliers des années 1988-1992 puis au sein de la Caisse nationale par les crises des pays émergents. Ces accidents de parcours furent au total peu nombreux et ils n'ont jamais atteint la solidité financière ni la cohésion de l'institution.

Quelles furent les clés de cette étonnante aventure, sans guère d'équivalent dans le monde développé ? Le Crédit Agricole a bénéficié longtemps de substantiels privilèges à la mesure de ce que la République consentait autrefois pour son immense population agricole qui s'est réduite plus tardivement ici qu'ailleurs en Europe. Quand dans les années 1960 les caisses ont, discrètement mais puissamment, engagé leur conquête tous azimuts des ménages, ces avantages pesaient encore d'un poids significatif tant par leurs bénéfices immédiats que par les réserves financières déjà constituées. C'est seulement en 1981, alors que les caisses pouvaient déjà établir une relation bancaire complète avec tous les ménages qu'elles furent soumises aux impôts de droit commun et notamment au taux plein de l'impôt sur les sociétés. Les monopoles reconnus à l'institution jouèrent aussi un rôle majeur : celui des prêts bonifiés à l'agriculture et même pour le financement de l'habitat des ruraux non agricoles que le Crédit Agricole a perdu seulement en 1978. Historiquement, le monopole de l'émission de bons à 5 ans, anonymes et défiscalisés de 1942 à 1968, fut un atout majeur. Ce fut certainement une des raisons de l'efficacité du réseau dans la vente du plan d'épargne logement retaillé par la Caisse nationale en une sorte de nouveau placement à moyen terme défiscalisé. Le dernier monopole, celui du placement des fonds des notaires, partagé avec la Caisse des Dépôts, disparut seulement en 1998. Quoi qu'en disent ses dirigeants, ces privilèges contribuèrent fortement à la création des réserves financières du système et donc à sa capacité d'investissements et de résistance aux risques. Mais il serait léger de faire de ces avantages l'explication majeure du développement du Crédit Agricole. Le réseau des caisses d'épargne, qui bénéficia plus longtemps et encore maintenant de considérables privilèges, n'a pas su autant les valoriser et n'a connu jusqu'à une date récente ni la même mutation ni la même croissance. En outre, depuis maintenant plus de vingt ans que le Crédit Agricole a perdu ses privilèges, son esprit de conquête n'a pas fléchi comme en témoigne sa forte percée dans l'assurance.

Depuis 1960 le virage pris a conduit les caisses vers la banque de terrain, à la campagne comme à la ville, et le service des ménages. Ce fut un choix heureux car le marché de la finance de détail s'est révélé pendant cette période très porteur et moins volatil que celui de la clientèle industrielle ou internationale. Aussi le Crédit Agricole, après en avoir été le défricheur, a-t-il pu encaisser les bénéfices de ces métiers sans en brûler jusqu'ici une trop grande part dans les provisions pour grands risques, comme ont dû le faire ses concurrents de la banque commerciale. Encore fallait-il prendre une telle option qui n'était pas évidente à l'époque. Plusieurs voix dans l'institution et dans le syndicalisme agricole préconisaient une avancée plus vigoureuse vers l'industrie agroalimentaire dans le monde entier, qui aurait été un parcours peu familier et hérissé d'embûches. Même si ses concurrents rendirent un grand service aux caisses en leur barrant le plus longtemps possible la route vers les risques les plus aventureux de la grande clientèle, les hommes du Crédit Agricole firent le choix de nouveaux marchés dynamiques et relativement sûrs.

C'est dans cette parfaite adéquation entre une stratégie, une organisation et un groupe d'hommes qu'il faut trouver la juste clé du succès. La stratégie fut de maintenir la priorité au financement de l'agriculture mais aussi, dès les années 1960, de se développer les premiers dans les services bancaires et financiers aux ménages du monde rural puis des villes moyennes en enfin des plus grandes. L'organisation en trois étages de l'institution servait admirablement ce dessein. À la base, la caisse locale proche des sociétaires agriculteurs, conseillée par les plus notables d'entre eux et donc plus forte pour limiter les crédits aux amateurs. Se confondant avec le « bureau » pour ne pas dire l'agence, le conseil de la caisse locale a été aussi un puissant relais de diffusion dans la clientèle rurale non agricole dont se désintéressaient les banques. Au chef-lieu du département, la caisse régionale était maîtresse de sa stratégie sur le terrain, avec un conseil d'administration composé de personnalités locales, agricoles pour une part seulement, et son état-major présent depuis de nombreuses années sur place. Qui n'a pas participé à l'assemblée annuelle d'une caisse régionale de Crédit Agricole ne connaît pas la vraie province française. Les hommes politiques ne s'y trompent pas qui opinent au premier rang avec les vœux les plus démagogiques du public. Au sommet la Caisse nationale, lointaine en apparence mais plus forte en réalité que dans aucun autre réseau mutualiste, gère les équilibres financiers de l'ensemble, crée des produits, sculpte l'image, oriente le marketing et aussi contrôle les caisses régionales et agrée la nomination de leurs dirigeants. Cette subtile combinaison de large décentralisation de l'action et de centralisation du pilotage financier et souvent de la dynamique de développement s'est avérée particulièrement adaptée à la stratégie choisie. Elle a fonctionné jusqu'ici non sans à-coups mais en fin de compte efficacement grâce au système étonnamment complexe de rencontres et de débats organisés par la Fédération nationale, contre-pouvoir officiel de la Caisse nationale. Toujours nécessaires pour huiler les procédures du mutualisme, la palabre et le banquet ont atteint au Crédit Agricole une excellence insurpassée pour gérer les conflits et affermir un vouloir vivre ensemble qui résiste aux épreuves.

À travers ces débats s'exerce la gouvernance que les hommes du Crédit Agricole se sont donnée. Pendant longtemps cette gouvernance a été faite de l'équilibre entre trois groupes : des agriculteurs élus par leurs pairs à la présidence des conseils d'administration des caisses ; des représentants des dirigeants et des cadres supérieurs des caisses ; des hommes de l'État nommés à la direction de la Caisse nationale. Rien d'important ne pouvait se décider sans l'accord au sommet de ces trois collèges présents dans toutes les instances de décision. Souvent dans la première formulation des objectifs, ils se séparaient ou bien deux d'entre eux se rejoignaient à l'écart du troisième. À la fin du jour, il fallait leur acquiescement commun aux décisions qui comptaient et chacun des trois le savait. C'est cette surprenante *troïka* qui a, d'étape en étape, piloté la mutation et la croissance de l'institution.

Comme la chance sourit aux bonnes maisons, le Crédit Agricole fut servi par des dirigeants d'une exceptionnelle qualité. Yves Barsalou, parmi les agriculteurs, joua pendant vingt-cinq ans un rôle majeur dans l'évolution des caisses. Originaire de la viticulture du Languedoc, il aurait pu s'accrocher à un mutualisme professionnel étroit. Tout au contraire, il fut l'un des plus ardents partisans du développement et sut en convaincre le monde agricole avec finesse et efficacité. Lucien Douroux, longtemps directeur de la plus grande caisse régionale puis directeur général de la Caisse nationale, représentant hors pair de ces nouveaux banquiers des régions étrangers aux filières de formation parisiennes, fut un acteur déterminant de la mutation et de la croissance, surtout pendant la dernière décennie. Parmi les hommes de l'État, on oublie un peu aujourd'hui le moteur que fut Jacques Mayoux de 1963 à 1974 dans l'ouverture stratégique du Crédit Agricole et dans son organisation financière. Avec un rare mélange de talents commerciaux et financiers, il sut à la fois lancer les caisses régionales à l'assaut des ménages jusque dans les villes et bâtir avec minutie une ingénierie de circuits financiers qui résista au temps. Il ne fit certes pas le Crédit Agricole, mais il fut le premier à imaginer tout son potentiel dans la France des années 1960. Alors à la Chase Manhattan Bank à New York, j'eus le bonheur d'être recruté par lui en 1972 et devins l'un de ses adjoints au sein d'une équipe où figurèrent Jacques Lallement, Michel Albert, Michel Bon, Jean-Claude Seys et tant d'autres... Cadres de la Caisse nationale et donc relevant de l'État, nous étions cependant, comme Jacques Mayoux lui-même, à l'écoute attentive des dirigeants des caisses régionales, déjà représentées par Lucien Douroux, et en accord avec eux pour pousser toujours plus loin les feux du Crédit Agricole. Avec eux nous partagions le sentiment de créer une meilleure banque et de lui conquérir une place que les maisons établies contestaient. Car dès qu'il a voulu sortir de sa mission première, le Crédit Agricole a été combattu hargneusement non seulement par ses concurrents dont il exposait la défaillance vis-à-vis des ménages, mais aussi par les pouvoirs publics. C'est contre l'État et contre l'*establishment* que se sont bâti les nouvelles activités du Crédit Agricole. Cette ardeur de conquête, ce sentiment d'interdit, cette impertinence quotidienne à l'égard des puissants du jour, furent aussi les ingrédients du combat et de sa réussite.

Le risque de la dérive

Les institutions vieillissent aussi et les heureuses constellations se déforment avec le temps. Le Crédit Agricole est aujourd'hui plus fort et vivant que jamais, mais de son succès naît le risque de dérives vers des rivages aventureux et étrangers à son génie particulier. Les rebelles d'hier sont aujourd'hui au cœur de la citadelle et les ministres n'ont pas trop de courbettes pour eux. Chez les autorités, les mêmes qui, il n'y a guère, dressaient des plans pour cantonner son expansion aux chefs-lieux de canton, voient aujourd'hui le Crédit Agricole porter le rayonnement de la finance française aux quatre coins du monde. Cet enthousiasme servile n'est pas plus éclairé que la hargne d'hier ! Sa croissance pose au Crédit Agricole des questions qu'il doit résoudre selon son caractère propre.

Une question majeure mais peu souvent évoquée tient au développement dans le temps du système de fonds propres du Crédit Agricole. Parmi ses atouts majeurs, le mutualisme financier français présente celui d'être une machine efficace de création de fonds propres d'origine monétaire. Pour emprunter auprès d'une caisse de Crédit Agricole, un agriculteur ou un rural, qui n'a guère le plus souvent d'autre choix, doit souscrire des parts sociales au moyen d'une fraction, souvent 1 %, du prêt qui lui est consenti. Les caisses peuvent de leur propre chef élargir cette obligation de souscription à d'autres emprunteurs. Les parts reçoivent un intérêt statutaire limité à 5 % du nominal d'origine. Elles constituent donc une source de capital très bon marché. En 1999 les rémunérations versées par l'ensemble du Crédit Agricole se sont élevées à 1 362 millions de francs, soit 0,98 % du montant total de ses fonds propres et 11 % de son résultat consolidé total. En 2000 la distribution totale a atteint 1 693 millions de francs, soit 1,06 % des fonds propres et 10,5 % du résultat. Si l'on ne tient pas compte des minoritaires des sociétés intégrées au groupe, mais des seuls sociétaires et titulaires de certificats coopératifs, c'est-à-dire les vrais apporteurs de capitaux, la rémunération de leurs titres ne représentait en 2000 que 1 286 millions de francs, soit 0,85 % des fonds propres à la fin de l'exercice. L'essentiel de cette distribution va aux porteurs de parts sociales dans la limite indiquée et le reste aux porteurs de certificats coopératifs d'investissement émis par les caisses régionales. Comparé à tout autre établissement un tel taux de distribution est évidemment insignifiant.

Le mutualisme est ainsi devenu un système d'accumulation illimitée de capital très peu rémunéré. La philosophie mutualiste, dont la rigueur plafonne la rémunération des sociétaires, exigerait que ceux-ci reçoivent des ristournes à raison des opérations qu'ils font avec les caisses. Jamais le Crédit Agricole n'a même envisagé de tels versements qui seraient aujourd'hui impraticables compte tenu de la frontière incertaine entre les clients et les sociétaires. Le montant total des capitaux propres atteint ainsi au dernier jour de 1999 169 milliards de francs (25,8 milliards d'euros) et de 2000 28 milliards d'euros. Un tel niveau de fonds propres correspond à un ratio de solvabilité appréciée selon les normes les plus exigeantes de près de 10 %, très supérieur aux besoins de l'activité française de l'institution. Au regard de celle-ci c'est un excédent de capital de l'ordre de 8 milliards d'euros que le Crédit Agricole a mobilisé grâce aux mécanismes financiers du mutualisme. Une telle masse pèse évidemment sur la rentabilité qui reste éloignée de celle qu'atteint sans difficulté une banque de même profil d'activité en France ou en Europe. Les ROE – retour sur fonds propres – du Crédit Agricole ont été de 10 % en 1998 puis de 11,6 % en 1999 et de 12 % en 2000, soit environ la moitié de ce que les banques commerciales exerçant des activités comparables ont réalisé pendant cette période. En l'absence d'analyse boursière, ces ratios sont sans doute acceptables mais la mobilisation lourde de fonds propres qu'ils expriment n'a jamais fait l'objet d'une justification stratégique au regard notamment d'un mutualisme toujours proclamé. Un jour peut-être les mutualistes demanderont-ils des comptes. De nos jours, le pavillon non lucratif ne peut plus couvrir toutes les démesures.

Alors que s'accumulait la richesse, la gouvernance du Crédit Agricole connut aussi une sensible évolution. Depuis la privatisation de la Caisse nationale puis du renoncement par l'État à l'agrément du directeur général, l'État et ses hommes se sont retirés de l'institution. Curieusement celle-ci a choisi ce moment de vraie mutualisation tant attendue pour renoncer à ce terme, jugé archaïque pour se baptiser, comme Coca-Cola ou Vivendi, « groupe ». Au sein du groupe Crédit Agricole, la gouvernance est donc désormais partagée entre les professionnels agricoles et les dirigeants des caisses régionales. Mais la profession agricole se réduit dans l'économie et au sein du Crédit Agricole où elle ne représente qu'un petit dixième des crédits à la clientèle. En réalité ce sont les dirigeants et les cadres des caisses régionales qui assurent entre eux, de plus en plus seuls, la gouvernance. Certes, ils en rendent compte à leurs assemblées et aux porteurs de certificats d'investissements coopératifs. Ceux-ci sont cotés et la gestion des nombreuses caisses régionales qui ont émis de tels titres est soumise à l'examen des analystes. Mais ces investisseurs ne votent pas tandis que les sociétaires sont cantonnés à la voix unique. L'hétérogénéité même de ces mandants et leurs faibles pouvoirs réduisent beaucoup la portée de leur contrôle sur le management. En revanche, comme dans toutes les entreprises, il faut de plus en plus prendre en compte les syndicats de personnel et les comités d'entreprise représentant plus de 80 000 collaborateurs en France.

Simultanément, le dessin du groupe s'est modifié : les caisses régionales fusionnant entre elles sont maintenant quarante-huit et seront sans doute moins de quarante dans quelques années, plus vastes, plus puissantes, plus loin aussi du terrain. Les filiales importantes comme Indosuez ou Sofinco ont pris place à côté d'elles. Les changements dans la structure et la gouvernance du Crédit Agricole renouvellent les termes d'un éternel débat, le plus chaud de tous les sujets dans la vie des groupes mutualistes, la relation entre l'organisme central et les unités régionales. Rural puis provincial par construction, le réseau du Crédit Agricole s'est souvent affirmé par une revendication forte d'autonomie contre Paris. Lorsque le centre était tenu par les hommes de l'État, forts d'un statut public, la tension était claire mais au total positive comme l'histoire même de l'institution le montre. Depuis 1993 et même si l'autorité personnelle de Lucien Douroux a masqué au début la portée de la novation, ce sont les hommes issus des caisses régionales qui doivent de part et d'autre gérer cette utile tension. Or le centre d'une organisation mutualiste est toujours en question : soit il se borne à contrôler, garantir, redistribuer, coordonner les activités des unités régionales et il lui est difficile d'attirer à lui des hommes de valeur ; soit il se veut opérateur de services, banquier à part entière. Il débute par des filiales spécialisées dans des métiers différents de ceux des caisses. Mais celles-ci, moins nombreuses et plus fortes, élargissent leurs activités voire prennent elles-mêmes le contrôle de filiales techniques sur le marché. Aussi la tentation est-elle forte de la fuite en avant vers des activités nouvelles par des acquisitions qui sont hors de portée même de la plus grosse des unités régionales. La disponibilité d'un fort excédent de capital, que personne ne peut revendiquer, offre tout naturellement le moyen d'une telle diversification.

C'est d'abord hors de France, sur des terrains que les caisses régionales ne pouvaient lui disputer, que la Caisse nationale a investi.

Déçue par la coopération avec des mutualistes européens, tentée dès l'origine puis par les faiblesses d'un réseau classique mais neuf de succursales à l'étranger, elle a eu la prudence de prendre des participations très minoritaires dans de grands groupes européens et sud-américains. Quelles qu'en soient les formes, le Crédit Agricole a peu de contrôle sur ces banques, mais ses placements ont été judicieux, à l'exception non négligeable de l'Argentine. En 1995, la Caisse nationale franchit un pas de plus en achetant à la Compagnie de Suez la Banque Indosuez, avec son activité de grande clientèle, ses métiers financiers dont le courtier Cheuvreux de Virieu, l'*asset manager* Gartmore, et son réseau international, principalement au Moyen et en Extrême-Orient. Le groupe a ainsi pris la charge d'une banque complexe, très dépendante de la qualité de ses équipes et par nature exposée à la volatilité des marchés. Trois ans après l'acquisition, la crise asiatique a été pour cette union une sorte de baptême du feu. Bien entendu la banque y a essuyé des pertes, moins élevées aujourd'hui qu'on pouvait le craindre. Mais le génie propre à une entreprise comme Indosuez doit être de rebondir sur une telle crise pour mieux étendre ses positions séculaires en Asie comme l'ont fait ses meilleurs concurrents. Il est trop tôt pour dresser un bilan mais il n'est ni sûr ni même probable que la gouvernance du Crédit Agricole soit apte à piloter de telles stratégies. Ce n'est ni la compétence ni la lucidité des hommes qui sont ici en cause, elles sont les meilleures qu'on puisse trouver à Paris. C'est l'adéquation de leur mandat et donc de leur légitimité avec les risques et les incertitudes propres à de telles opérations. Il n'est pas aisé à des dirigeants de banques mutualistes régionales, que le système a libérés de toute censure formelle mais qui ont néanmoins des comptes à rendre à l'économie locale de leurs régions, d'assumer les calculs et les paris d'une banque de marché internationale et plus encore des hommes qui vont les faire, pour leur compte, à 10 000 kilomètres.

En 1998, cajolée par le ministre des Finances qui a mesuré lui aussi l'excédent de capital sans maître du groupe, la Caisse nationale acquiert 10 % du Crédit lyonnais et proclame son ambition d'en prendre le contrôle total en lui agrégeant Indosuez. Si elle y parvenait, elle relèverait un défi de même nature mais décuplé par la taille de l'ensemble. Elle rencontrerait une difficulté supplémentaire de taille : elle deviendrait alors sur le terrain français concurrente des caisses régionales, et notamment des plus grandes, aujourd'hui très présentes en milieu urbain. Comment la gouvernance des barons régionaux réglerait-elle cette cohabitation sans démembrer le Crédit lyonnais ? Comment les syndicats désormais très concernés la vivraient-ils ? Comment naîtraient les synergies promises dans un inévitable climat de conflits de frontières et de chocs de cultures entre deux groupes d'hommes attachés les uns et les autres à leur identité et à leur histoire ? Si la Caisse nationale échouait dans cette gigantesque entreprise, que deviendrait-elle ? Au-delà du Rhin, dans le groupe des banques coopératives allemandes, l'organisme central, la Deutsche Genossenschaftsbank, a sombré dans les pertes pour avoir tenté de rivaliser avec les grandes banques commerciales. C'est la banque régionale de la capitale économique, Francfort, qui va l'absorber. Un tel scénario paraît aujourd'hui relever de la fiction en France, mais il illustre bien les périls auxquels s'expose, par une politique ambitieuse d'expansion, la caisse centrale d'un réseau mututaliste.

S'il était américain ou anglais et s'il voulait poursuivre dans le monde une stratégie de conquête, le Crédit Agricole se serait déjà démutualisé. Les caisses régionales auraient distribué à leurs sociétaires de vraies actions assorties d'un chèque représentant une petite fraction au moins de l'excédent de capital qui en équité leur revient. Si les caisses souhaitent conserver leur statut mutualiste et s'il n'y a pas d'accord pour modifier la loi, du moins pourraient-elles distribuer à leurs sociétaires les actions non pas de leur caisse nationale, mais d'un holding doté d'une bonne partie de l'excédent de capital et chargé des activités qui ne dépendant pas d'elles pour leur commercialisation. Elles pourraient y détenir des sortes de parts de fondateur, très minoritaires en pouvoir mais privilégiées en rémunération. Aujourd'hui c'est une tout autre voie qu'a choisie le groupe. Bien décidé à conserver le confort du statut mutualiste à la base de l'organisation, il invite ses clients à apporter davantage d'eau à la rivière en souscrivant une minorité d'actions d'un « véhicule coté » dont le contenu et les contours défient la raison. Il y loge à la fois les activités distribuées par les caisses régionales, comme l'assurance, et celles qui en sont indépendantes voire concurrentes comme sa participation dans le Crédit Lyonnais. Si les actionnaires de la nouvelle société ont droit à un quart des profits des caisses régionales, ils n'ont en revanche aucun pouvoir de droit sur elles, pourtant sources de la vraie richesse du groupe et dépositaires de l'ultime pouvoir. Ainsi va le premier groupe mutualiste français, loin de ses bases, vers des rivages inexplorés.

CHAPITRE 5

Le génie français du mutualisme : les autres banques, les assurances

Le Crédit Mutuel et les Banques populaires forment à côté du Crédit Agricole les deux grands vaisseaux de l'escadre mutualiste. Fondées sur les mêmes règles de droit, elles sont l'une et l'autre, de dimension comparable, plus petites que le Crédit Agricole. À la fin de l'année 2000, les fonds propres du Crédit Mutuel s'élevaient à 9,6 milliards d'euros et ceux des Banques populaires à 12 milliards d'euros, la somme des deux représentant les trois quarts de ceux de leur aînée. Inspirées des mêmes sources, elles ont vécu une historie différente et plus courte. Mais il est révélateur que leur évolution récente suive un parcours et affronte des défis de même nature que ceux du Crédit Agricole.

Le Crédit Mutuel

Créée peu d'années avant 1870, la coopérative de Crédit Mutuel de Freidrich Wilhelm Raiffeisen fit rapidement des émules en

Rhénanie avant de s'étendre à tous les pays germaniques. Il n'est donc pas surprenant que l'Alsace-Moselle, au sein de l'Empire allemand, vît naître des caisses Raiffeisen que l'autonomisme alsacien fédéra rapidement autour de Strasbourg. Dans la droite ligne de la pensée du fondateur, ces caisses eurent d'abord une activité agricole qu'elles poursuivirent d'autant plus facilement après 1918 que le Crédit Agricole ne s'implanta en Alsace qu'en 1945. L'initiative de Raiffeisen, inspirée du christianisme social de l'époque, intéressa vivement des personnalités des régions françaises les plus marquées par cette sensibilité. Très tôt, dès la fin du XIXe siècle, en Bretagne, en Vendée, dans le Nord, dans le Lyonnais, en Savoie, se formèrent des caisses de Crédit Mutuel tournées principalement vers le milieu rural. Beaucoup se proclamaient « libres » par opposition au Crédit Agricole « officiel » proche de l'État et animé souvent, au tournant du XXe siècle, par des républicains militants et laïcs. Affaiblies par la crise des années 1930 puis menacées après 1945 par les aides de l'État distribuées aux agriculteurs par le seul canal du Crédit Agricole, ces caisses se diversifièrent vers les ruraux non agriculteurs et les habitants des villes moyennes. Si elles ne distribuaient pas de prêts bonifiés, elles bénéficiaient des mêmes avantages fiscaux que toutes les coopératives, principalement de l'exonération de tout impôt sur les bénéfices. Mais le vrai ressort de leur succès était l'identité régionale, l'enracinement de proximité et longtemps une sourde opposition tantôt confessionnelle, tantôt girondine à l'irrésistible montée des caisses « officielles ». Ainsi tissèrent-elles d'abord en Alsace mais aussi en Bretagne, Vendée, Anjou et dans le Nord, des réseaux significatifs de guichets et de clientèle. C'est dans ces pays, qui ne coïncidaient pas toujours avec les circonscriptions administratives de la République, que ces réseaux s'organisèrent progressivement autour de caisses fédérales et d'associations très particularistes. Il arrivait qu'ils se divisent entre eux, dans une même région selon d'autres lignes de partage. Ainsi la fédération du Crédit Mutuel de Bretagne à

Landerneau dans les années 1950 ne rallia pas aussitôt toutes les caisses de la côte, dont certaines animées par des « recteurs » populaires qui la jugeaient trop dominée par les notables et les aristocrates. Bien sûr les caisses « officielles » encourageaient en sous-main par divers circuits ces dissensions dont elles se délectaient.

À la fin des années 1960, au moment même ou Jacques Mayoux lançait le Crédit Agricole à l'assaut des villes, une forte personnalité émergea au sein de ce mouvement. Mosellan de naissance, résistant pendant la guerre, Théo Braun avait fait carrière dans le syndicalisme chrétien et la mouvance MRP. Doté de tous les talents d'un vrai politique, alliant la vision à long terme et un sens très sûr de la manœuvre, sachant séduire et persuader mais aussi se faire obéir de ses proches, il bifurqua dès 1960 pour se consacrer à l'organisation et à l'expansion du Crédit Mutuel. Pour ce faire, il fallait d'abord prendre le contrôle des caisses alsaciennes les plus anciennes, les plus denses et les plus riches, notamment parce qu'elles opéraient dans la seule région française où le Crédit Agricole, nouveau venu après la guerre, demeurait marginal. À la tête de la Fédération d'Alsace-Lorraine, il lui annexa vite la Franche-Comté, la Lorraine-sud, la Champagne et puis la Bourgogne et le Lyonnais, constituant la Fédération de l'Est, de loin le plus riche et le plus puissant des groupes régionaux du Crédit Mutuel. Percevant mieux que quiconque la force politique et donc commerciale du mouvement mutualiste, il en mesurait aussi les risques pour la gestion des affaires financières et comprit très tôt les mécanismes de centralisation que la CNCA mettait en place à Paris à la même époque. Aussi concentra-t-il la gestion financière du Crédit Mutuel de l'Est et toutes ses réserves dans une banque de droit commun, la Banque fédérative du Crédit Mutuel, propriété des caisses mais administrée par des professionnels de la banque rattachés directement aux chefs du mouvement, c'est-à-dire à lui et un petit groupe strasbourgeois qui l'entourait. Maître de l'Est, encore souhaitait-il confédérer et organiser sous son autorité l'ensemble des fédérations françaises. La tâche était périlleuse, tant l'autonomisme régional et la méfiance à l'égard des nationaux étaient au cœur du mouvement.

Théo Braun conçut alors en 1967 un plan d'une incroyable audace que nul autre sans doute eut pu réussir. S'appuyant sur le Trésor et la Banque de France qui n'avaient jamais aimé ces caisses insaisissables échappant à la géométrie parisienne, il soutint la création d'une confédération de Crédit Mutuel flanquée d'une caisse centrale qui gérerait des mécanismes de compensation et de garantie pour l'ensemble du groupe. La présidence de ces organismes lui reviendrait mais il en promit à l'origine la direction générale à un haut fonctionnaire, tandis qu'un commissaire du gouvernement devait surveiller l'ensemble. Toutes les caisses seraient appelées à adhérer à la Confédération par l'intermédiaire de caisses fédérales régionales. Encore fallait-il qu'elles y aillent effectivement, contre le meilleur instinct de leurs militants. Pour leur forcer la main, Théo Braun leur promit de les faire bénéficier d'un privilège exceptionnel, celui de partager avec les Caisses d'Épargne le monopole du livret d'épargne défiscalisé. Horrifiés, les services du ministère des Finances se rétractèrent : plutôt différer une réforme qui ne leur paraissait mériter aucune contrepartie puisqu'elle mettait fin, à leurs yeux, à un désordre public. Théo Braun attendit son heure. En 1973, Valéry Giscard d'Estaing, ministre des Finances mais surtout candidat présidentiel, accorda par simple lettre aux caisses adhérentes à la Confédération du Crédit Mutuel l'autorisation d'ouvrir à leurs déposants des Livrets bleus dont les intérêts ne seraient taxés qu'au tiers du droit commun, soit un privilège presque égal à celui des Caisses d'Épargne.

Stupéfiante aventure, sans doute inimaginable dans aucun autre pays développé. Grâce à l'action d'un chef charismatique, une institution décentralisée qui s'est largement créée contre les réseaux d'État obtient pour prix de son adhésion à une assez théorique confédération un privilège fiscal exceptionnel. Le ministre le lui accorde sans même consulter le Parlement, ce qui équivaut tout de même à abandonner une recette fiscale substantielle au bénéfice d'une catégorie de citoyens. Des protestations s'élevèrent des rangs de la concurrence, mais il s'agissait alors pour l'essentiel d'établissements soit nationalisés, soit déjà privilégiés. Le ministre fut élu président, la clameur s'éteint et le Parlement ratifia quelques années plus tard la mesure. C'est Bruxelles, intercesseur comme souvent des querelles françaises, qui rattrapera près de trente ans plus tard l'extraordinaire anomalie du Livret bleu.

Le Crédit Mutuel en aura fait bon usage. Le privilège attirera à lui de nombreux clients et lui permettra notamment de se développer hors des terres chrétiennes démocrates où il s'était implanté à l'origine, notamment dans la région parisienne et au sud de la Loire. Les caisses sont demeurées dans l'ensemble très fidèles à leur vocation de banques régionales de proximité, conquérant surtout une clientèle de ménages et de petites entreprises individuelles. Elles leur apporteront très tôt, outre une bonne rémunération de leurs épargnes, des crédits aussi peu coûteux que possible pour l'habitat et même la consommation. Disposant de peu de ressources longues et méfiantes à l'origine à l'égard de l'épargne-logement, elles consentiront des prêts à taux variable mais seront parmi les premières à imaginer des formules qui atténuent l'impact de trop fortes variations des taux d'intérêt. Deuxième prêteur à l'habitat avec un encours de 35 milliards d'euros, soit 14 % du marché, deuxième également parmi les banques à réseau pour le crédit à la consommation, il atteint maintenant une part de marché de l'épargne de 9 % et, avec le CIC, de 12 %. C'est pour le Crédit Agricole, surtout dans la moitié nord de la France, un concurrent redoutable qui lui interdit d'abuser de sa puissance.

Au bénéfice de ses 9 millions de clients, dont 5 millions de sociétaires, le Crédit Mutuel a très tôt diversifié ses services. Il l'a fait à partir de ses organisations régionales, et d'abord de la Fédération de l'Est : dès le début des années 1970, celle-ci s'est lancée dans l'agence de voyages et la presse en rachetant *L'Alsace*, l'un des journaux régionaux. Elle a surtout créé les Assurances du Crédit Mutuel pour vendre très tôt des contrats d'assurance vie mais aussi, ce qui était inédit, d'assurances dommages. Les ACM, dans la région de l'Est, ont aujourd'hui une part de marché de l'assurance dommage supérieure à 20 % et ont inspiré la création par le Crédit Agricole de Pacifica, sa compagnie dommage. Le Crédit Mutuel de Bretagne a également diversifié ses services et créé une compagnie d'assurance dommage. Puis il s'est lancé, le premier, dans l'aventure de l'acquisition d'une banque parisienne, mais il la choisit particulièrement mal. La Banque hypothécaire européenne lui coûtera 2 milliards de francs et l'affaiblira pour longtemps face à l'Est.

Car le Crédit Mutuel est demeuré avant tout une association très lâche de groupes régionaux dominés par la puissante Fédération de l'Est. Dotée de son holding financier, de sa banque à vocation nationale qu'elle appelle aujourd'hui Banque de l'économie, du commerce et de la monétique (BECM), de ses compagnies d'assurance, elle a su bénéficier pleinement des mécanismes financiers du mutualisme dans une région où sa part de marché peut aller en Alsace jusqu'à 50 % des dépôts et des crédits. Plus encore qu'au Crédit Agricole, le sociétariat est obligatoire pour obtenir un crédit dont une fraction est donc transformée immédiatement en parts sociales, c'est-à-dire pour la caisse en fonds propres rémunérés à 5 % maximum. L'alimentation continue en fonds propres peu rémunérés a été grossie des bénéfices substantiels de métiers bancaires peu risqués au cours de ces trente dernières années et d'une gestion rigoureuse. Les fonds propres totaux du Crédit Mutuel atteignaient ainsi près de 10 milliards d'euros à la fin de 1999, soit un montant très élevé pour les métiers choisis et, en conséquence, une rentabilité de 8 % plus faible que celle des banques commerciales. Mais l'essentiel de ces fonds propres, qui n'incluent pas la substantielle valeur des fonds de commerce, est bien localisé dans les sociétés de la Fédération de l'Est et notamment dans son holding, l'ancienne BFCM. C'est donc elle, et non pas l'organisation nationale, qui fit en 1998 l'acquisition du groupe CIC à l'issue d'un appel d'offre où elle l'emporta sur la BNP et la Société générale. Comme le Crédit Agricole, le Crédit Mutuel a donc jeté dans la prise de contrôle de banques commerciales l'excédent de capital constitué par les mécanismes de l'accumulation mutualiste. Il va à son tour devoir gérer les risques et les opportunités d'établissements étrangers par la nature et par la géographie aux intérêts de ses sociétaires. On peut relever néanmoins une certaine cohérence entre une institution fortement régionalisée et un groupe de banques qui se définissent elles aussi par leur vocation régionale. Encore faut-il mieux voir ce qu'il va advenir du CIC-Paris et de l'ancienne Union européenne, toujours nostalgique de ses activités financières et internationales. Le Crédit Mutuel de l'Est, en dépit d'une grande intimité avec le groupe des banques coopératives allemandes, était demeuré très réservé à l'égard de tout développement significatif hors de France. Cette prudence qui contribua aussi à l'enrichir sera-t-elle imposée, au rebours d'une autre tradition, aux échelons parisiens du groupe CIC ?

Qui gouverne au Crédit Mutuel ? L'acquisition du CIC indique clairement qui ne commande pas. La Confédération et la caisse centrale « représentent le Crédit Mutuel auprès des pouvoirs publics »… ; assurent « le contrôle, la cohésion et la coordination » mais ne forment en rien une tête de réseau comme dans les autres banques coopératives. L'État a beaucoup donné au Crédit Mutuel mais il n'a pu lui imposer la centralisation qu'il affectionne pour tous les réseaux. Ce sont donc les fédérations régionales qui gouvernent. D'où tiennent-elles leurs pouvoirs ? Qui élit les puissants seigneurs du Crédit Mutuel de l'Est et à qui doivent-ils rendre des comptes ? Les sociétaires sont conduits en autobus à des assemblées générales où, pour prix d'un généreux banquet, ils devront écouter les discours des chefs et jeter un bulletin dans l'urne. Mais ils n'ont pas vraiment choisi de devenir sociétaires, leur voix est unique quel que soit le volume de leurs transactions avec la Caisse, leurs parts sont incessibles et peu rémunérées. Et pourtant à Strasbourg comme à

Quimper, il y a un incontestable *affectio societatis* pour ces caisses qui surgissent partout dans le paysage régional. C'est l'Alsace qui choisit les chefs, c'est-à-dire un petit cercle de notabilités locales politiques, économiques, culturelles qui se cooptent entre elles mais qui ont toujours su trouver une figure emblématique de l'institution et de solides mercenaires qui feront croître la richesse acquise. En Bretagne, dans le Nord, en pays de Loire, il en va de même. La situation est plus confuse dans les nouvelles terres du mouvement et il n'y est pas à l'abri de raids politiques ou syndicaux comme on l'a vu dans la vallée du Rhône avec les tentatives de la CGT.

En dépit de leur opacité, ces modes de gouvernement n'ont pas mal servi jusqu'ici les meilleurs groupes de Crédit Mutuel car ils étaient adaptés à leur mission de banque régionale de terrain et aux hommes qui l'accomplissaient. La masse des 28 000 élus aux échelons locaux ou régionaux, le plus souvent inerte, pourrait à tout instant se mettre en branle si elle était témoin sur son terrain de graves dévoiements. La démocratie filtrée et dirigée de Strasbourg saura-t-elle gérer des développements bancaires à Bordeaux ou à Nantes sans évoquer New York ou Singapour où le CIC conserve des succursales ? Comment les élus de base réagiront-ils si le groupe doit faire face à des pertes sévères dans des pays et pour des opérations qui leur sont complètement étrangères et dont ils n'ont sans doute pas conscience ? Il vaut mieux pour le Crédit Mutuel de l'Est que la conjoncture et une prudente gestion lui épargnent cette expérience. Le réveil y serait d'autant plus douloureux que, à la différence du Crédit agricole, le groupe a largement abandonné à ses managers le soin de conduire ses destinées.

Les banques populaires

Jacques de Fouchier, le fondateur de la Compagnie bancaire, disait avec malice que le terme de « banque populaire » était en soi une contradiction. Coopératives par leurs statuts juridiques, comme les réseaux mutualistes, elles se sont toujours distinguées d'eux en s'affirmant comme banques et ont toujours mis en relief leurs convergences plutôt que leurs divergences avec les banques commerciales classiques. Leur sociétariat d'entreprises moyennes et petites, soudées par des sociétés de caution mutuelle, et leur architecture à un seul niveau constituaient aussi des différences majeures. Très dissemblables par la taille, entre la puissante Bred parisienne et les plus petites banques du Midi, leur cohabitation dans un même groupe n'a jamais été aisée. Non plus leurs relations avec les organismes centraux, longtemps gérés sous une tutelle étroite de l'État qui faisait transiter par elles certains crédits d'aide aux entreprises mais dont les délégués n'ont pas historiquement favorisé leur expansion. Orientées prioritairement vers les PME, les Banques populaires n'ont pas bénéficié autant que les autres du décollage et de la sécurité de la banque de particuliers. Elles ont subi comme les banques commerciales les à-coups de la conjoncture et notamment, pour les plus grandes parisiennes, la crise immobilière des années 1990. Si l'on songe au naufrage du CEPME, il est assez remarquable que le groupe des Banques populaires n'ait pas été plus affecté par ces crises : sa prudence a peut-être freiné son développement mais elle l'a sans doute bien servi.

Au cours des dernières années, le groupe a connu une mutation significative. L'affaiblissement des plus grandes banques, d'abord de la première d'entre elles la Bred, handicapée par ses pertes immobilières et les démêlés judiciaires de ses dirigeants, a curieusement favorisé une plus grande cohésion du groupe. Les liens avec l'État, déjà distendus lors de la création de la CEPME en 1981, finirent d'être coupés lorsque la nouvelle Banque des PME rejoignent le secteur public en 1996. En 1999 les organismes centraux se simplifient : la chambre syndicale et les caisses centrales fusionnent en une Banque fédérale des Banques populaires détenue par les vingt-neuf banques mais réunissant les moyens et les attributions d'une vraie tête de réseau.

Dès 1998, sous l'impulsion de son président Jacques Delmas-Marsallet, encore issu du secteur public mais choisi par les dirigeants des banques, le groupe se porte acquéreur d'une minorité puis du contrôle de Natexis, l'établissement formé un an auparavant par la fusion du Crédit national et de la BFCE. L'opération n'est pas sans péril. Même si les deux constituantes de Natexis disposent de bonnes équipes et d'un solide fonds de commerce d'entreprises, elles sont l'une et l'autre très marquées par les circuits traditionnels de l'économie administrative. En outre, le Crédit national doit gérer dans la baisse des taux d'intérêt un lourd portefeuille de crédits à taux fixes qu'il faut savoir au moment opportun *swapper* en agios variables. Les Banques populaires avaient-elles vraiment besoin pour leur clientèle de cet investissement ? Va-t-il les valoriser davantage ou a-t-il surtout pour objectif, comme au Crédit Agricole, de légitimer le centre face aux banques membres ? La Banque fédérale est désormais elle aussi banquier avec sa grande clientèle, en principe distincte de celles des banques de base, et ses métiers financiers et internationaux en principe complémentaires de ceux des membres. Il n'est pas certain que des accords décentralisés, négociés par les banques avec des opérateurs financiers ou internationaux indépendants, ne les eussent pas mieux servies. Le patriotisme de groupe l'a emporté sur la décentralisation. Pour que l'opération réussisse pleinement, il faut que Natexis tienne sa place sur le marché mais aussi que les disciplines de groupe se renforcent et que soient pleinement exploitées les synergies promises. L'élection d'un nouveau président issu des banques pour conduire cette opération montre en tout cas que la base assume pleinement aujourd'hui ce développement. Aussi bien est-il moins démesuré que d'autres : une mutualité de chefs d'entreprises moyennes prend en charge une banque parisienne d'entreprises où les plus grandes en côtoient beaucoup de moyennes. Certes, il sera ici aussi malaisé aux dirigeants des plus petites Banques populaires des régions d'expliquer un jour à leurs sociétaires qu'il faut payer pour les erreurs d'anticipation des salles de marché de Natexis. Du moins le débat aura-t-il lieu entre professionnels de l'entreprise réunis autour d'un groupe orienté à tous les échelons par priorité vers cette clientèle.

Le Crédit coopératif

La plus petite des banques coopératives françaises est la seule qui se revendique comme telle dans son appellation et sa marque. Inspirée davantage du mouvement coopératif anglais que des initiatives allemandes, elle a toujours été étrangère à l'agriculture. En revanche, elle est proche des coopératives de production et de consommation qui forment une part de son sociétariat. Pour pallier la faible contribution de ces coopératives, le groupe s'est attaché à pénétrer certaines industries particulières et plus récemment le vaste domaine associatif. Il y affirme une vraie vocation mais ses dimensions demeurent au total assez modestes.

La puissance publique a été bonne mère avec le Crédit coopératif. Elle a reconnu sa légitimité auprès de certains groupes professionnels et choisit son canal pour consentir éventuellement des aides à ces professions. Le Crédit coopératif coordonne ainsi un réseau de caisses de crédit maritime bien implantées dans les ports de pêche. Plus récemment, il a repris en 1996 les restes de la Banque coopérative du Bâtiment et des Travaux publics. Géré depuis vingt ans maintenant par d'anciens hauts fonctionnaires du Trésor, le groupe demeure résolument fidèle à la philosophie de ses fondateurs. Au service de la coopération économique et de l'économie sociale, il est contraint dans son expansion par les limites de celles-ci.

Les capitaux propres du Crédit coopératif s'élevaient à la fin de 2000 à 260 millions d'euros et son résultat net à 24 millions d'euros. Le montant des crédits à la clientèle était de 2,8 milliards d'euros et les ressources de la même origine atteignaient 2,2 milliards d'euros. Ces chiffres illustrent bien à la fois la place modeste du Crédit coopératif dans le paysage français du mutualisme et la modération de ses profits bien dans la ligne de sa fidélité à l'économie sociale.

Les mutuelles d'assurance

Il y a d'innombrables mutuelles dans le vaste univers de l'assurance. L'opération d'assurance a pour objet même de mutualiser des risques de diverses origines afin d'établir une solidarité entre ceux qui sont victimes d'accidents aléatoires et les autres. Les compagnies d'assurance auraient toutes pu se qualifier de mutuelles. On vise ici les seules sociétés à forme mutuelle, c'est-à-dire celles dont les fonds sociaux sont souscrits par les assurés et non par des actionnaires extérieurs et qui relèvent des métiers et des lois de l'assurance, par opposition aux organismes dont l'activité est articulée avec celle de la Sécurité sociale. Ces sociétés sont régies par un statut qui les rapproche beaucoup des coopératives. À la différence de celles-ci, le sociétaire n'est pas, en théorie, responsable seulement à hauteur de sa cotisation sociale qui est le plus souvent minime. Il doit, pour sa part, couvrir les dommages subis par la mutualité des assurés. Cela signifie que les tarifs des contrats peuvent être relevés rétroactivement si les primes collectées pendant un exercice ont été insuffisantes pour couvrir les dommages survenus pendant cette période et si les réserves ne sont pas suffisantes pour couvrir le dépassement. On a été proche de situations limites de ce type en 2000 du fait des violentes tempêtes des 26 et 27 décembre 1999.

Les sociétés d'assurance à forme mutuelle ont longtemps été marginales dans le paysage français, dominé par les groupes privés et, après 1945, nationalisés. Les plus anciennes s'organisaient comme les compagnies commerciales, avec des réseaux d'agents généraux disséminés sur le territoire. Dans les années 1970, alors que décollaient les banques coopératives, le monde de l'assurance assista avec stupeur à l'essor de nouvelles mutuelles dites « sans intermédiaire ». Il s'agissait d'organismes tournés vers des clientèles professionnelles bien typées, le plus souvent fonctionnaires mais aussi professions libérales, artisans ou commerçants. Les mutuelles agricoles, proches au départ de la sécurité sociale des agriculteurs, prirent également à cette époque un nouveau développement. À la fin des années 1980 et en dépit des efforts des assureurs traditionnels pour freiner le mouvement, les mutuelles dites sans « intermédiaire » franchissaient les 20 % de part de marché de l'assurance dommage. En 2000, elles collectaient plus d'un tiers des primes. Mais si l'on exclut les clients entreprises, leur part de marché dépasse 50 % des primes versées par les ménages pour leurs assurances de base, véhicule et habitation. Situation absolument unique en Europe, des mutuelles dépourvues des réseaux séculaires des grandes compagnies traditionnelles parvenaient en vingt-cinq ans à prendre le contrôle de plus de la moitié des assurances dommages des ménages français, soit un chiffre d'affaires de près de 8 milliards d'euros.

La simultanéité et le parallèle avec les conquêtes du Crédit Agricole et du Crédit Mutuel sont saisissants. Pourtant, les ressorts n'ont pas été exactement les mêmes, comme il est naturel pour des métiers différents.

Les sociétés d'assurance à forme mutuelle ont moins bénéficié de privilèges que les banques coopératives. Très vite, leurs contraintes les ont alignées sur les autres entreprises de la profession. Surtout, elles ont su exploiter les défauts de leurs concurrents concernant les modes de distribution et les coûts peu adaptés à l'assurance des populations urbaines. Les agents généraux et les courtiers, professions libérales, mandataires indépendants, les uns des compagnies les autres des clients, apportent certes un service précieux d'information, de négociation et de soutien administratif surtout en cas de dommage. Des notables ou des cadres supérieurs, des gens « de bien », sont prêts à les payer à leur juste prix. En milieu rural ils jouent un rôle souvent plus large qui en font des amis utiles. Pour les salariés des villes dotés au mieux d'un véhicule et d'un appartement modeste, ces services ne justifient pas des prélèvements de 15 à 20 % sur les primes. Enfermées dans des relations complexes avec ces intermédiaires, les compagnies d'assurance ont développé quant à elles des services régionaux et parisiens qui risquent de les dédoubler sans parvenir à leur donner une impulsion suffisante. Les mutuelles sans intermédiaire, bâtissant à neuf, réduisirent considérablement au début leurs coûts en vendant leurs contrats par le bouche-à-oreille puis par des bureaux de ville tenus par des salariés. Elles surent cibler une clientèle homogène et lui vendre un petit nombre de contrats standards pour des risques familiers, le véhicule et l'habitation. Le succès venant, elles surent tirer parti du volume en négociant mieux leurs tarifs de réparations avec les garagistes. Ainsi renforcèrent-elles leur compétitivité à mesure de leur croissance, au moins jusqu'à une période récente. C'est ainsi, quelques années plus tard, en Grande-Bretagne, que se créera et se développera à une allure vertigineuse l'assurance directe non plus à l'initiative de mutuelles, mais d'un groupe d'entrepreneurs soutenus par la Royal Bank of Scotland.

Mais l'essor des mutuelles sans intermédiaire ne résulte pas que de cette maîtrise des coûts de distribution et de gestion. D'autres facteurs ont joué, propres à l'assurance. Beaucoup de ces mutuelles ont su reconnaître dans les groupes professionnels dont elles étaient issues des profils de risques meilleurs que la moyenne de la population : ainsi des instituteurs traditionnellement prudents au volant. Assurer par priorité voire exclusivement ces risques promettait de réduire la sinistralité et de pratiquer alors des tarifs plus bas qui élargissaient davantage encore leur attrait dans les populations visées. Ce sont les mutuelles de fonctionnaires ou de médecins qui ont su le mieux opérer la sélection des bons risques, le fameux « écrémage » dont sont soupçonnées les entreprises capitalistes avides de profit. Par là même les mutuelles dégradaient la qualité moyenne des autres clientèles qui devaient payer des primes plus élevées.

Comme dans la banque, les motivations idéologiques et politiques n'ont pas été absentes du mouvement. Si les assurances mutuelles agricoles sont réputées de tradition conservatrice, à certains égards plus que le Crédit Agricole, les grandes mutuelles urbaines se situent dans le camp opposé. Regroupées dans une organisation professionnelle distincte de la Fédération des sociétés d'assurance, elles partagent une grande méfiance à l'égard du monde capitaliste. Certaines, proches de l'Éducation nationale, cultivent de solides traditions laïques et même anticléricales. Ces sensibilités ont certainement amené vers elles des militants qui ont contribué à diffuser leurs services dans des milieux où beaucoup partagent la même vision du monde. Les mutuelles sans intermédiaire ont bénéficié aussi dans cette conquête de l'entraînement de puissantes personnalités, comme il y en eut dans le secteur bancaire coopératif. La plus grande de ces sociétés, la Macif, a été créée *ex nihilo* puis pilotée pendant longtemps par Jacques Vandier. Peu autant que lui incarnent les qualités de vision et d'organisation qui ont soutenu cette remarquable croissance.

Les mutuelles d'assurance sont-elles menacées par les mêmes tentations que leurs cousines de la banque ? L'acquisition du GAN par Groupama, le groupe des mutuelles agricoles, les évoque immédiatement. Doté d'un excédent de capital de 3 à 4 milliards d'euros, Groupama a acquis en 1998 de l'État le GAN dont l'indifférence des ministres et l'inertie administrative avaient refusé pendant trois ans la fusion avec son presque jumeau, les AGF. La tâche ne sera pas aisée de réunir ces deux groupes si différents par leurs modes de distribution, leur organisation et leur orientation commerciale. Il faudra, comme au Crédit Agricole, faire partager aux caisses régionales les motivations par exemple d'une présence à Hong Kong, l'un des marchés les plus sanglants du dommage. La déception des membres élus des caisses régionales ont déjà valu aux dirigeants parisiens qui les avaient convaincus de cette acquisition d'être limogés.

Il n'est pas certain que les mutuelles urbaines suivent cette voie. L'accumulation financière y est beaucoup plus difficile que dans les banques coopératives où le crédit fabrique les fonds propres, Groupama constituant à cet égard une exception. L'idéologie n'y est pas du tout favorable à la cohabitation avec des sociétés commerciales mais des dérives peuvent venir de l'intérieur même des mutuelles avec le temps et la croissance qui atténuent les ressorts d'origine. Les investissements inconsidérés de certaines grandes mutuelles, l'incroyable gabegie de la Garantie mutuelle des fonctionnaires il y a dix ans, ont montré qu'elles n'étaient pas à l'abri de la mégalomanie qui avait saisi toute la finance. Maintenant que ces excès ont été corrigés, plusieurs mutuelles paraissent vouloir se rapprocher entre elles. Elles pourraient alors connaître la grande difficulté de fusion de portefeuilles d'assurance qu'Axa puis les AGF ont connue récemment. Il n'est pas sûr que leurs coûts en soient encore réduits, du moins pendant plusieurs années. Les fusions des mutuelles sont les plus difficiles car elles mettent en jeu de nombreux élus ou militants d'autant plus attachés à l'identité de l'organisation qu'ils la servent bénévolement. Qui veut croître rapidement en achetant ses concurrents dans l'assurance ne peut le faire aisément dans le corset d'une société à forme mutuelle. C'est ainsi que l'homme qui a voulu conquérir le monde à partir d'une petite mutuelle dut démutualiser sa croissance. Claude Bébéar l'a fait au départ selon les règles, sans dissoudre l'ancienne mutuelle d'où il était parti, mais en filialisant ses acquisitions. Très vite, pour trouver les capitaux nécessaires aux acquisitions et au renforcement du groupe, il a dû émettre des titres et marginaliser dans son capital la mutuelle d'origine. Axa, l'une des plus belles sociétés françaises dans le monde, est née d'une démutualisation réussie.

De la nationalisation à la mutualisation

En 1981, les Français ont nationalisé leur système bancaire alors que le reste du monde commençait de privatiser. Cinq ans après nous avons dû à notre tour emboîter le pas aux autres. Depuis 1997, nous mutualisons abondamment alors que le reste du monde démutualise. Allons-nous cette fois avoir raison contre tous ?

L'histoire financière des vingt-cinq dernières années porte témoignage de l'acclimatation du mutualisme au terrain français. Si les banques coopératives et les sociétés d'assurance mutuelles ont connu un tel essor, c'est qu'elles ont rendu d'immenses services aux ménages de ce pays, certes au prix d'une accumulation financière exagérée dans le cas des banques. Et leur ferment a profondément stimulé les autres acteurs obligés de réviser leurs stratégies et de sortir de leur confort. Ce succès est d'abord celui d'une adéquation entre des organisations décentralisées, des stratégies locales ou professionnelles bien ciblées et des hommes de terrain. Les uns et les autres étaient soumis à une gouvernance variant selon les institutions mais capable d'assumer les projets et de limiter les déviations. Ce sont des manquements occasionnels à cette gouvernance qui ont produit les sinistres somme toute assez rares dans cette expansion hors du commun.

Aujourd'hui, du fait de leur bonne gestion mais surtout des mécanismes même du sociétariat, ces groupes disposent de capitaux libres importants. La rigueur mutualiste dont ils se réclament voudrait qu'ils les redistribuent aux sociétaires sous une forme ou une autre. Il est stupéfiant mais vrai que personne ou presque ne le leur demande, tant les sociétaires sont paralysés par le statut français de la coopération. Les dirigeants des organismes centraux, toujours incertains de leur valeur ajoutée devant la base, décident d'affecter ces excédents de fonds propres à l'acquisition de banques ou de compagnies d'assurance qui font des métiers différents, avec des risques, des opportunités, des cultures, des profils d'hommes étrangers aux stratégies mutualistes qui ont fait leur fortune. Les gouvernements soutiennent ces projets qui facilitent les dernières privatisations, les plus délicates. Une bonne partie de l'intelligentsia, croyant enfin tenir l'introuvable troisième voie, exulte devant le capitalisme tenu en échec. Aux innombrables jobards, on fait miroiter le champion national et européen.

Le mutualisme n'est pas équipé pour gérer des projets qui n'ont pas de signification ou d'intérêt pour une communauté de base relativement homogène. Les sociétaires ou plutôt leurs élus qui, en cas de crise, devront dire le dernier mot, ne sont pas venus pour cela. Au mieux ils se déroberont, au pire ils réagiront dans la panique. Certes, l'Europe sera un jour le marché naturel de toutes les entreprises de service, comme elle l'est déjà des constructeurs automobiles. Si l'on veut demeurer dans la ligne mutualiste, on peut imaginer des alliances entre institutions de même type dans un certain nombre de pays voisins. C'est dans cette voie que paraissent s'engager les banques populaires qui ont passé un accord ambitieux avec les caisses mutuelles populaires allemandes pour assurer leur développement international.

S'il s'agit de marcher à pas forcés vers des métiers et des rivages nouveaux il faut, comme tant le font, et chez nous, le plus talentueux des assureurs, savoir démutualiser. La société commerciale cotée en bourse est bien adaptée à ce type de nouvelle aventure. L'actionnaire vient s'il veut, non pour être client mais pour investir dans un projet. Il bénéficie pour ce faire d'informations et d'analyses indépendantes plus nombreuses qu'il ne peut en digérer. Il est de mieux en mieux représenté par les membres des conseils d'administration qui sanctionneront de plus en plus, sauf à perdre eux-mêmes leur place, les erreurs des dirigeants. Il n'y a aucune supériorité intrinsèque ou morale dans cette gouvernance mais une meilleure adéquation aux activités qui s'étendent au-delà des horizons d'une communauté humaine homogène.

De vraies mutuelles attentives aux besoins de leurs sociétaires et responsables devant eux seront toujours utiles dans la banque comme dans l'assurance. Pour développer des activités financières de marché à l'échelle de l'Europe ou du monde, la démutualisation est préférable. Les réalistes diront que c'est bien dans cette direction que s'engage le Crédit Agricole. Rien n'est moins sûr. Le projet de « véhicule coté » laisse tout le pouvoir entre les mains des délégués des caisses régionales mais tente d'intéresser le marché à un sous-ensemble de filiales sans inclure vraiment le capital des caisses, source de toute richesse au Crédit Agricole. Dans sa forme actuelle, c'est un monstre juridique et économique, étranger à la noblesse du mutualisme comme à celle du capitalisme. Il faut souhaiter qu'après un si brillant parcours, le Crédit Agricole ait bientôt le courage politique d'un vrai choix.

CHAPITRE 6

Le débarquement américain

Comme les mutualistes imposèrent leur domination dans les services aux particuliers, les Américains conquirent en quelques années les marchés de la banque d'investissement et du courtage d'assurances. Ils investirent en France mais aussi dans le monde entier les métiers de conception et d'exécution des transactions financières les plus complexes et les plus stratégiques des entreprises ou des collectivités publiques. L'émission de toutes catégories de titres de dette ou de capital actions dans les marchés financiers, la recherche et l'information sur ces titres, leur négoce en Bourse ou en dehors, le conseil puis l'organisation de rapprochement de sociétés, sont des opérations traditionnelles de banque d'investissement. Aujourd'hui s'y ajoutent la restructuration ou la cession d'actifs financiers voire physiques, comme les immeubles ou les usines. Les contrats de protection contre les risques physiques, pécuniaires, judiciaires prennent également de plus en plus d'importance pour les entreprises qui en confient souvent la conception à des maisons de courtage. L'Europe continentale et surtout la Cité de Londres ne manquent pourtant pas de professionnels expérimentés dans ces branches de la finance. Beaucoup et souvent les meilleurs d'entre eux travaillent maintenant au sein d'entreprises américaines, aucune firme, en dehors des Suisses, ayant jusqu'ici été capable de se constituer en vraie rivale. Peut-être une riposte se dessine-t-elle aujourd'hui tant sont élevés les enjeux de la maîtrise de ces métiers, qui touchent au cœur de la vie des entreprises et intéressent leurs dirigeants au plus haut niveau.

La chute des merchant banks *britanniques*

S'il y avait encore dans les années 1970, en Europe, un riche éventail de ce qu'on appelait en français des « banques d'affaires » les plus prestigieuses étaient évidemment celles de Londres qui demeurèrent largement indépendantes jusqu'au début des années 1990. La force de la Cité était d'abord son organisation. Le travail y était soigneusement divisé entre les banques commerciales, collectrices de dépôts et distributrices de crédit ; les *merchant banks*, marginalement actives dans le crédit par le canal traditionnel des « acceptations », mais seules en charge du « conseil », c'est-à-dire de la conception avec les clients des opérations en capital, y compris les fusions-acquisitions ; les professionnels de la bourse, *brokers* et *jobbers* responsables de l'exécution de toutes les opérations de titres et de leur diffusion dans le public soutenue par des informations et des analyses qu'on appelle dans le métier « la recherche ». La gestion des capitaux des institutions, l'*asset management*, notamment des fonds de pension, était confiée à d'autres firmes, parfois liées aux *merchant banks*, mais souvent indépendantes. Cette minutieuse division des tâches, respectée par tous, sous l'attention vigilante de la Banque d'Angleterre, avait fait le succès séculaire de la Cité. Les opérations y étaient plus sûres, l'expertise des hommes plus mûre, même si elle apparaissait parfois routinière et au total plus protectrice des clients. En revanche, la concurrence y était atténuée notamment parce que les tarifs de commissions des différents intervenants étaient fixes et nul n'osait même songer à y déroger. La libéralisation des commissions à New York dans un climat plus compétitif et la montée en puissance de banques d'investissement multi-métiers puissantes incitèrent le gouvernement Thatcher à bousculer la Cité. Annoncé quatre ans à l'avance, le *Big Bang* d'octobre 1986 supprimait les tarifs obligatoires et les monopoles. Chacun, en se soumettant aux règles appropriées, pouvait faire les métiers de son choix avec des rémunérations librement négociées.

Il existait alors une douzaine de vraies *merchant banks* à Londres. Souvent très anciennes, elles étaient, à la seule exception de Samuel Montaïgu, indépendantes : soit cotées en bourse comme les plus grandes, Morgan Grenfell, Warburg, Kleinwort, soit sous le contrôle de familles comme Schroders, Fleming, Rothschild, soit constituées en partenariat, comme Lazard. Dans l'esprit du *Big Bang*, les *merchant banks* se lancèrent dans les métiers de titres soit, pour les plus grandes, en achetant des firmes de *brokers* et de *jobbers*, soit en embauchant des professionnels pour les implanter *ex-nihilo* chez elles. Un an après le *Big Bang*, le 19 octobre 1987, le krach de Wall Street gagna la Bourse de Londres qui perdit dans la soirée 22 % de sa capitalisation. Les *merchant banks* avaient alors garanti pour la British Petroleum une émission d'actions de 7 milliards GBP, une des plus grosses jamais engagées. En quelques jours elles perdirent 700 millions GBP sur ces titres et finirent le trimestre avec 375 millions GBP de pertes, autant qu'elles en avaient gagné les trois premiers trimestres de l'année. Plus grave encore, le volume de titres négociés chaque jour s'effondra et toutes les opérations nouvelles furent reportées *sine die*.

Le choc fut brutal pour les dirigeants et les actionnaires des *merchant banks*, peu habitués à de tels retournements et plus généralement aux risques de marché. Les ventes massives d'actions dans les jours suivant le krach avaient aussi engorgé les systèmes informatiques et l'apurement des suspens créa des pertes supplémentaires. Le redressement assez rapide des marchés au premier semestre de 1988 et le retour du volume d'opérations à un niveau plus élevé en 1989 ne dissipèrent pas vraiment la désillusion qui s'était installée dans les esprits. Pragmatiques entre tous quand il s'agit de leur propre capital, les banquiers anglais avaient compris que ce nouveau métier pouvait « lessiver vite et fort » ceux qui l'exerçaient. La tentation de céder à des poches plus profondes commença à cette époque de les hanter. Dès 1987, Hill Samuel fut repris par une grande banque commerciale, TSB. En 1989 Morgan Grenfell, l'une des toutes premières au cours des dix années précédentes, parvenait encore mal à surmonter les suites d'octobre 1987 et la concurrence sévère qui sévissait depuis le krach pour s'approprier les volumes de transactions. Son principal actionnaire, le courtier d'assurance Willis, décida de vendre sa participation de 20 %. À Indosuez nous étions alors en discussion avec John Craven, le président de Morgan Grenfell, pour transformer une ancienne relation en coopération plus active. Informés de l'offre, nous acquîmes très vite de Willis sa participation et proposâmes à J. Craven d'accélérer les discussions pour parvenir à une fusion des deux maisons. Mais les directeurs de la banque étaient divisés à notre égard et les structures du Suez leur faisaient peur. Quitte à perdre leur indépendance, ils choisirent le partenaire le plus riche et le plus puissant, la Deutsche Bank, qui, en octobre 1989, racheta royalement l'ensemble à un prix très élevé. Le rachat par une grande banque commerciale allait devenir l'issue la plus courante pour les *merchant banks* de Londres. De grandes banques allemandes, suisses, hollandaises et américaines les auront au fil des années 1990 toutes rachetées. Seules demeurent les maisons familiales, Lazard et Rothschild qui ont choisi de demeurer à l'écart des risques des transactions sur titres et même de se défaire de toute participation dans les firmes de *brokerage*, comme le fit Rothschild. Aucune banque française ne se mit sur les rangs des acquéreurs. La BNP avait pourtant pris une participation de 5 % dans Kleinwort Benson et, en 1991, elle avait envisagé avec la Dresdner Bank de monter plus haut pour piloter ensemble le développement sur le continent de la *merchant bank*. En 1995, ce fut Dresdner seule qui acquit la totalité de Kleinwort. Beaucoup de choses auraient sans doute été différentes dix ans plus tard si Dresdner et BNP s'étaient engagées ensemble dans une entreprise de cette ampleur.

Aucune de ces prises de contrôle ne fut hostile, toutes résultèrent de la libre décision ou du libre choix de leurs dirigeants. Une seule, Barings, y fut contrainte soudainement par des pertes inattendues, la plupart anticipèrent la détérioration et préférèrent négocier à temps d'honorables sorties pour leurs actionnaires et bien souvent pour eux. La plus dramatique de ces cessions pour la place de Londres fut celle de Warburg, en 1995, à la Société de Banque suisse, depuis fusionnée avec l'UBS. Ce fut la plus étonnante aussi car Warburg nous avait tous émerveillés par son ambition et sa maîtrise des opportunités et des risques de ces temps nouveaux. Héritière des solides qualités d'esprit de corps et de service à la clientèle cultivée par Sigmund Warburg, elle avait, avant le *Big Bang*, décidé de se transformer en une vraie banque d'investissement, capable d'intégrer l'acquisition de firmes spécialisées et de les faire travailler ensemble. Comme les autres, elle subit les pertes et les embarras administratifs de 1987 mais ses profits ne baissèrent pas et dans les années suivantes ils furent toujours très supérieurs à ceux des autres. Warburg était la plus internationale des *merchant banks* et ses conseillers très présents partout sur le continent. Elle avait en outre un atout de taille : le contrôle de Mercury Asset Management, la première société anglaise d'*asset management* qui complétait et diversifiait mieux qu'ailleurs la palette de ses activités. Et pourtant, elle fut emportée par la turbulence des marchés obligataires de 1994, après que la Réserve Fédérale eut augmenté soudain en février de 25 centimes ses taux d'intervention. La banque avait récemment décidé de renforcer ses équipes obligataires, elle subit de plein fouet les pertes de garantie et de *trading* provoquées par la baisse brutale des valeurs durant le premier semestre 1994. Lord Cairns, le nouveau patron exécutif, prit peur et engagea des discussions avec la plus grande des banques d'investissement américaines, Morgan Stanley. Sûrs d'eux-mêmes, déjà très puissants à Londres, les Américains firent savoir qu'ils étaient surtout intéressés par Mercury Asset Management. Les négociations furent rompues et Warburg, déstabilisée, se vendit à la Société de Banque suisse pour 850 millions GBP. Warburg avait défini une bonne stratégie et l'avait engagée avec succès les premières années suivant le *Big Bang*, comme le montre le prix de la cession finale. Mais elle n'avait pas la puissance financière suffisante pour résister aux risques de ces nouveaux métiers. En dépit de sa relative excellence, elle n'avait sans doute pas non plus, en 1994, les équipes de management capables de réduire la voilure et de tenir pendant une crise qui fut finalement assez brève.

Les grandes banques commerciales avaient, elles, le muscle financier pour encaisser la volatilité des résultats d'un métier supplémentaire. Mais leurs investissements dans les *merchant banks* ne furent pas un succès. Au début elles leur laissèrent une large indépendance, comme le fit la Deutsche Bank avec Morgan Grenfell, ce qu'exigeaient bien sûr, sans vergogne, les Anglais au moment des acquisitions, et elles eurent vite de mauvaises surprises. Rien n'est plus dangereux qu'un banquier d'investissement ou un *trader* laissé sans contrôle avec le confort d'un riche parent derrière lui. Elles choisirent alors d'intégrer davantage les maisons avec les départements correspondants de Francfort, Zurich ou Amsterdam qui pouvaient les contrôler et créer avec eux des synergies de clientèle ou de *trading*. Ces combinaisons furent toujours difficiles compte tenu des grandes différences de culture entre les hommes et les places. Elles furent probablement décevantes au regard de l'investissement consenti, même si les banques sont avares d'informations à ce sujet. À la fin des années 1990, le rapprochement avec des équipes américaines renouvela profondément le sujet et ouvrit des perspectives plus positives pour certaines d'entre elles.

Le renoncement japonais et européen

Pendant quelques mois, la capitalisation de Nomura fut la plus élevée du monde. Lorsque la grande maison de titres japonaise annonça en 1986 qu'elle voulait devenir un acteur majeur des marchés européens, elle fut prise très au sérieux. À Paris, les responsables de Nomura étaient actifs, candidats à tous les tours de table d'émissions d'actions. Leur filiale immobilière organisait et finançait les ventes des plus beaux immeubles aux compagnies d'assurance vie japonaises. Les trois autres grandes firmes, Daiwa, Nikko et Yamaichi, étaient également présentes à Londres et sur toutes les grandes places du continent. Leurs capitalisations, moins spectaculaires que celle de Nomura, étaient cinq à sept fois plus élevées que celles des *merchant banks* : elles avaient certainement les ressources pour en racheter quelques-unes et s'imposer parmi les grandes. Rien de tel ne se produisit et les maisons de titres japonaises ne jouèrent jamais un rôle majeur dans les opérations financières à Londres et sur le continent. À la fin des années 1980, époque la plus spéculative de la Bourse de Tokyo, elles étaient trop absorbées par les profits fastueux et la croissance vertigineuse qu'elles y trouvaient. Dans les années 1990, le krach de Tokyo puis les révélations sur les pratiques douteuses de Nomura, son intimité avec la pègre locale, les conduisirent à replier l'essentiel de leurs forces sur le Japon. Elles se marginalisèrent progressivement sur les marchés européens, gérant au mieux de modestes tranches japonaises dans les émissions jugées les plus sûres, comme les privatisations. À l'image de toute la finance nippone, la banque d'investissement en dépit de ses immenses ressources en fonds propres et de l'étendue de sa base domestique ne parvint pas à acquérir une dimension internationale significative.

En Europe continentale, hors de France, le concept de banque d'investissement à l'américaine ou à l'anglaise n'avait jamais vraiment pris corps. En Allemagne, aux Pays-Bas, en Belgique, en

Espagne, les grandes banques commerciales conseillent les clients dans leurs opérations financières et conduisent celles-ci sur le marché pour le capital action comme pour la dette. Parfois actionnaires des grands groupes comme en Allemagne ou en Espagne, elles veillent autant que possible à conserver un rôle actif dans toutes les transactions financières. Il existe néanmoins dans ces pays des banques souvent dites « privées », comme la BHF (Berliner Handelsbank Frankfurter Bank) ou Oppenheim en Allemagne, qui se comparaient parfois aux *merchant banks* de Londres. Mais si elles ont de fait une part de marché plus élevée dans les opérations sur titres et dans le conseil, ces maisons sont actives surtout dans la gestion des fortunes privées, y compris les nombreuses entreprises familiales non cotées.

Chacun connaît la fameuse Mediobanca et son légendaire président, le Docteur Cuccia, cheminant de la messe à la banque chaque matin jusqu'à plus de quatre-vingt-dix ans. Même si elle organise et garantit de nombreux placements de titres et conseille des rapprochements, Mediobanca n'est pas d'abord une banque d'investissement. Ce fut une invention pragmatique et très ingénieuse de *l'establishment* milanais pour associer les deux forces majeures de l'économie italienne des cinquante dernières années, les grandes familles industrielles et le secteur bancaire public. Ensemble et à bonne distance de Rome, ils copilotèrent de nombreuses mutations dans l'industrie, la finance et l'assurance de l'Italie du Nord. Aujourd'hui, l'affaiblissement des Agnelli, l'un des piliers du système, et la privatisation des grandes banques remettent en cause le rôle de Mediobanca. En dépit de ses liens avec Paris, notamment avec la Banque Lazard, Mediobanca est demeurée, par sa vocation même, une maison très domestique. Elle non plus ne pouvait ni ne souhaitait reprendre le flambeau de la banque d'investissement européenne.

La peine des banques d'affaires françaises

Rien n'est plus détestable que l'appellation de « banque d'affaires ». Auprès du public français elle laisse penser le pire. Pour les Anglo-Saxons, elle évoque l'amateurisme qu'elle fut en effet parfois. Pourtant la loi la consacra de 1941 à 1984 en donnant un statut particulier, avec un contrôle renforcé, aux banques qui n'acceptaient pas de dépôts du grand public et avaient vocation à prendre des participations.

La banque d'affaires française exerçait des métiers assez éloignés de la banque d'investissement d'aujourd'hui. Comme l'avait excellemment définie Pierre Moussa, ce fut pendant longtemps une banque commerciale qui se consacrait à la clientèle des entreprises et des grandes fortunes et qui, soit par elle-même soit par un holding associé à elle, prenait des participations dans les entreprises. En 1982, plusieurs de ces banques furent nationalisées parce qu'elles avaient accumulé plus de 1 milliard de francs de dépôts. La nationalisation épargna à la Banque Worms, à la Banque Rothschild et à l'Union européenne des difficultés majeures liées à leurs pertes dans la banque commerciale. Coupées de leurs actionnaires d'origine, elles ne retrouveront pas dans le secteur public ni même après leur privatisation le profil et l'allant qui étaient les leurs auprès de groupes industriels ou dans le commerce international.

Dans les années 1980, alors que la désintermédiation faisait entrer la finance française dans le marché et qu'elle s'acheminait vers son propre *Big Bang*, deux maisons incarnaient confusément aux yeux du public la banque d'affaires, Suez et Paribas. Les connaisseurs, mieux informés, appréciaient le rôle majeur de la Banque Lazard.

Mais depuis longtemps le système financier français était ainsi organisé qu'il était très difficile à une banque d'investissement à l'anglo-saxonne de s'y faire une place. Les grandes banques commerciales, fortes de leur statut nationalisé, avaient cartellisé les opérations financières. Les émissions d'obligations et d'actions étaient réparties entre les établissements selon des barèmes immuables, influencés sinon arrêtés par le Trésor et les banques à réseaux, dominées par la BNP, le Crédit lyonnais et la Société générale, s'y taillaient la part du lion. Il est vrai que les investisseurs individuels, clients de ces réseaux, avaient toujours tenu dans l'achat de valeurs mobilières, à côté des institutions, une place minoritaire mais significative, au rebours de la situation anglaise ou américaine. Les grands crédits internationaux, pour l'exportation, obéissaient aux mêmes procédures d'allocation, ce qui exprimait bien la volonté farouche des trois grandes maisons de traiter tous les besoins de la clientèle d'entreprise et donc d'étouffer toute tentative sérieuse d'émergence en France de vraies banques d'investissement.

Dans la ligne des réformes Bérégovoy-Naouri, au milieu des années 1980, les règles furent assouplies et les barèmes traditionnels abandonnés. Une entreprise, même publique, allait pouvoir confier ses émissions à la banque de son choix et donc récompenser la plus imaginative ou la plus audacieuse. Bientôt, les banques allaient acquérir des sociétés de bourse : de nouvelles équipes intégrées de professionnels des marchés financiers allaient se constituer. Le champ paraissait enfin ouvert à la montée en puissance de vraies banques d'investissement françaises. Tel ne fut pas vraiment le cas en dépit d'initiatives et de développements intéressants.

Les contradictions du Suez

Contrairement à l'idée reçue à l'époque, Suez n'était pas une banque d'affaires, même à la française. Profondément marquée par son histoire séculaire de gestionnaire d'un ouvrage public international, la Compagnie de Suez n'eut de cesse, après la nationalisation du canal en 1956 par l'Égypte, de retrouver des activités de même nature. Faute de convaincre alors les gouvernements français et britannique de lui confier la construction d'un tunnel sous la Manche, le président Georges-Picot affecta les indemnités arrachées à Nasser à des participations industrielles. Plusieurs se révélèrent heureuses avec le temps, comme Pont-à-Mousson puis Saint-Gobain, la Lyonnaise des Eaux, Bouygues, transformant le Suez en un actif holding financier de près de 7 milliards de francs en 1980. Mais Jacques Georges-Picot se méfiait des activités bancaires qui ne lui étaient pas familières. Il ne fit qu'une exception, de taille il est vrai pour l'époque, en prenant le contrôle du CIC. Mais il le fit un peu par amitié pour Christian de Lavarène, président de la banque, qui craignait à juste titre les desseins sur le CIC de Jean Reyre, le flibustier noceur alors patron de Paribas. Il s'agissait pour une part d'un réflexe de défense de la haute bourgeoisie parisienne à l'égard d'un établissement qui servait traditionnellement ses familles et dont les faiblesses étaient encore cachées. En 1971 Michel Caplain, ancien d'Égypte lui aussi mais toujours plus attiré par la finance que par l'entreprise, prit la barre du Suez. Caplain était fasciné par son camarade de promotion de l'inspection des finances, Jack Francès. Moins traditionnel que les dirigeants du Suez, Jack Francès, proche de la Résistance pendant la guerre, avait été nommé en 1944 directeur de la Radio. Il démissionna vite du service public et commença de réunir un groupe de petites banques, souvent anciennes filiales de groupes industriels nationalisés en 1945 : la Banque La Hénin, l'Union des Mines, issues des Charbonnages de France, se rapprochèrent ainsi de la Banque générale industrielle. Francès avait aussi observé les initiatives de Jacques de Fouchier et créa après lui des banques d'un nouveau type, spécialisées dans le crédit aux ménages, sur le modèle de la Compagnie bancaire. Très vite il s'intéressa aussi à l'assurance et investit « La Paix », une petite compagnie. L'arrivée de Caplain au pouvoir du Suez lui permet de franchir de nouvelles étapes et d'accéder au rang des grandes maisons. Dans un premier temps, en 1971, il acquit la petite banque de groupe créée par Caplain et forma la Banque de Suez et de l'Union des Mines, la BSUM, désormais filiale du Suez. Puis en 1975, à l'issue d'une bataille boursière complexe, les deux compères mirent la main sur l'ancienne Banque de l'Indochine et créèrent, sous le contrôle de la Compagnie de Suez, la banque de l'Indochine et de Suez, future Indosuez, qui par la taille de son bilan figurait parmi les dix premiers établissements français. Francès avait choisi de confier la direction quotidienne de la banque au chef de sa jeune garde, Jean-Marc Pelletier. Lorsque celui-ci tomba gravement malade à la fin de 1978, Caplain et lui me proposèrent de les rejoindre et de prendre à leur côté le commandement de la nouvelle Indosuez. Dans leur esprit et selon les concepts de l'époque, ils réunissaient ainsi les éléments d'une grande banque d'affaires : un holding financier actif et substantiel, une banque tournée vers la clientèle industrielle et le monde extérieur et une autre, le CIC, plus présente dans les régions et le marché des particuliers. Le groupe détenait même alors 20 % d'une petite banque d'investissement américaine, Blyth Eastman Dillon, une fenêtre ouverte sur Wall Street.

Deux ans plus tard le choc de 1981 stoppa le mouvement. Chacun se mit en position d'observation, attendant les nouveaux chefs – cinq successivement à la tête du Suez en dix ans à compter de mai 1981. Avec des tempéraments et des compétences différentes, tous partageaient cette vision d'une « grande banque d'affaires » et ne me ménagèrent pas leur soutien pour qu'Indosuez joue son rôle dans cette stratégie. Car il s'agissait d'une formidable gageure. Ni la Banque de l'Indochine à peine rescapée de la guerre du Viêt-nam ni la BSUM n'avaient de fonds de commerce significatif en France. Les hommes de l'ancienne banque coloniale et ceux de l'archipel Francès, fusionnés malgré eux, n'avaient aucune amitié les uns envers les autres mais ils avaient en commun leur éloignement et leur méfiance à l'égard des métiers de l'investissement. Hors des équipes de marché innovantes mais encore réduites et d'un valeureux commando de crédit export, l'énergie de la nouvelle maison était en 1978 surtout tournée vers des projets de banque de détail : en France, ouverture d'agences de quartier et crédits immobiliers ; hors de France, la grande affaire était la création d'une banque de dépôts en Arabie saoudite. Peu à peu, avec un état-major de grande qualité constitué autour de Philippe Geslin et de Jean-François Lepetit, la Banque Indosuez forgea son unité et son identité propre en composant pendant les quinze années suivantes une palette de métiers à la frontière de la banque commerciale et de la banque d'investissement. S'appuyant sur ses forces historiques, elle s'attacha à les développer dans l'axe Europe – Moyen-Orient – Asie où son histoire l'avait enracinée. Peu de maisons comprirent aussi tôt qu'elle les immenses opportunités offertes par les réformes des années 1980. Première à créer à Paris une vraie salle de marchés en 1984, Indosuez s'associa dès 1989 à Cheuvreux de Virieu, la plus belle société de bourse de Paris et sut réussir le mariage. À la même date elle acquit WI Carr, le troisième *broker* de Hong Kong et le développa à travers toute l'Asie. Pour prendre pied virilement dans la gestion de capitaux, la banque prit le contrôle de Gartmore, l'un des meilleurs *asset managers* de Londres.

Malgré les pertes de la crise immobilière, Indosuez avait néanmoins, au milieu des années 1990, les traits d'une banque de finance et de marché, active et respectée dans les métiers qu'elle s'était choisis. Mais elle était loin encore du profil d'une banque d'investissement comme l'Europe commençait de la découvrir dans les maisons américaines. La nationalisation n'était pas loin qui avait compromis les projets de gestion de fortune privée esquissée en 1980. Surtout nous souffrions de deux faiblesses majeures. L'absence de présence significative à New York, premier marché de capitaux du monde dont la domination n'allait cesser de s'affermir, nous privait d'un atout fondamental et notre participation dans Blythe Eastman Dillon, diluée à moins de 4 % dans Paine Weber, ne nous apportait rien. Notre actionnaire n'était pas prêt à investir dans cette direction.

Plus généralement, la relation de la Banque Indosuez avec sa mère était une seconde fragilité. Pour construire une banque d'affaires efficace il fallait, comme les concurrents, intégrer complètement la compagnie et la banque autour du même projet. Jean Peyrelevade, à la fin de son mandat, préparait ce rapprochement. En 1986, Renaud de La Genière inclina plutôt vers la tradition de l'autonomie du holding de tête et de ses équipes. Conduite, alors par Gérard Worms et Patrick Ponsolle, dotés de vrais talents de banquiers d'affaires, elles se lancèrent dès 1988 dans la fameuse bataille boursière de la Société générale de Belgique que la Compagnie de Suez, avec une audace qui surprit tout le monde, arracha de force à Carlo de Benedetti, la nouvelle star de l'industrie européenne. Dès lors le Suez bascula dans une forte activité pour compte propre qui associait Indosuez mais n'était guère compatible avec le développement, par celle-ci, d'une vraie activité de conseil à la clientèle. Très vite survint la crise immobilière puis les turbulences obligataires de 1994 qui menacèrent la rentabilité du Suez. Les grands actionnaires s'interrogèrent sur cette stratégie trop dispersée et, comme vingt ans plus tôt, sur l'identité du groupe et ses métiers. Les industriels du conseil d'administration, très imprégnés de la mode des « noyaux durs », préféraient bien sûr une holding passive qui leur demanderait le moins possible et surtout pas, comme chez Paribas, une allégeance bancaire. Le marché, qui aimait de moins en moins les holdings, s'impatienta de ces tergiversations et dégrada le Suez. Ce fut le mérite de Gérard Mestrallet, en 1996, de trancher dans le vif un dilemme de quarante ans, de vendre au Crédit Agricole Indosuez puis Sofinco, et de fusionner la Compagnie de Suez avec sa plus grande filiale de services industriels, la Lyonnaise des Eaux.

La désillusion de Paribas

Tout destinait Paribas à devenir l'une des rares authentiques banques d'investissement européennes. À l'opposé du Suez, souvent désaccordé, le Paribas d'avant 1981 procédait d'une forte cohérence entre son statut, ses hommes et sa stratégie. Héritière d'une longue tradition dans ses métiers, c'était avant tout autre chose une vraie banque tournée exclusivement vers l'entreprise et ce qu'on appelait « la fortune », c'est-à-dire les particuliers aisés. Un patrimoine de participations industrielles de 6 milliards de francs recelant de belles plus-values avait été logé dans une compagnie financière, tête de groupe, qui était en droit la société cotée. Mais l'énergie de tous visait à développer les activités et les revenus de la banque. Aussi constituaient-ils ou accroissaient-ils souvent les participations en concevant et conseillant à des clients proches des fusions ou des acquisitions. Dans les ciments avec Poliet puis les Ciments français, dans le bâtiment avec Fougerolles, dans d'autres secteurs aussi, Paribas a joué dans les années 1960-1970 un rôle significatif de marieur, voire de créateur d'entreprises. Hors de France la banque était chez elle au Benelux et en Italie où elle avait été jadis l'un des fondateurs de la prestigieuse Comit, la Banca Commerciale Italiana. Dans les années 1970, dès le choc pétrolier, elle s'implanta dans les Émirats arabes unis et cultiva avant tout autre Français les grandes institutions koweiti. Les hommes qui pilotaient un tel navire de course étaient de fortes personnalités. Pour s'entourer, ils recherchaient les meilleurs de la place. Les talents se bousculaient, beaucoup s'en allaient pour créer des affaires nouvelles ou recevoir ailleurs une promotion ; mais ils n'oubliaient pas la maison qui les avait lancés et ne perdaient jamais tout à fait cette élégante arrogance qui en était la marque.

Dès les années 1950 et jusqu'en 1968 Jean Reyre dirige la maison d'une main de fer, pousse les feux dans tous les métiers, relance l'expansion internationale et ouvre même, le premier de tous, une filiale à New York. En 1968, il désespère de la banque d'affaires française. Les grandes nationalisées cantonnent son expansion en France et il redoute qu'avec la naissance des sicav les banques à réseau accroissent encore leur part de marché dans les opérations financières. Il s'attaque alors au CIC, reine des banques privées à réseau de l'époque. C'est la faute que *l'establishment* ne pardonnera jamais à cet homme qui ne cesse de le défier. Il est renvoyé et remplacé par Jacques de Fouchier, une des figures les plus consensuelles et les plus estimées de la place. Fouchier fait venir en 1969 Pierre Moussa. Nommé directeur général en 1975, celui-ci prend la présidence en 1978, entouré des grands barons de la maison, Gustave Rambaud, François Morin, le jeune Gérard Eskenazi. Issu de l'Inspection des Finances comme Jacques de Fouchier, Pierre Moussa n'a fait carrière ni dans l'administration des finances ni dans la banque comme lui. Son parcours plus varié l'a conduit en Afrique, à la Banque Mondiale puis curieusement à la Fédération des assurances. Fasciné par Paribas, il poursuit la politique de Reyre sans son agressivité, en association étroite avec les grands collaborateurs de la maison. À l'aube de 1981, Jacques de Fouchier et Pierre Moussa ont aussi donné à Paribas un atout maître : une association étroite avec la meilleure *merchant bank* de Londres, Warburg. Puis les deux maisons ont pris ensemble le contrôle d'AG Becker, une banque d'investissement américaine rebaptisée Warburg-Paribas-Becker. Seule en Europe continentale Paribas abordait les années 1980 avec les atouts d'une aventure majeure sur les grands marchés de capitaux du monde.

Plus que tout autre, Paribas fut touchée en plein vol par la nationalisation. Elle ne s'en est jamais vraiment remise en dépit de tant d'efforts. La sécession brutale de Paribas Suisse et le départ de Pierre Moussa et de Gérard Eskenazi dramatisent le choc et éloignent d'autres talents. Warburg rompt son alliance et les deux maisons, désormais séparées, ne parviennent pas à sauver AG Becker. Coupée du monde anglo-saxon et de la Suisse, Paribas est désormais présidée par Jean-Yves Haberer, nommé par le gouvernement sur les conseils de Jacques de Fouchier. Il maintient la maison en état de marche et la développe en France en ouvrant des succursales dans les régions et dans l'Union européenne.

En 1986, Jacques Chirac nomme Michel François-Poncet à la place de Jean-Yves Haberer et Paribas est la première banque privatisée, avec un grand succès. C'était un beau cadeau et la banque aurait pu saisir l'avantage pour réordonner ses priorités, se concentrer sur les métiers de marché désormais libérés et reconstituer au plus vite une alliance avec Londres et New York. Toujours dynamique, elle poursuit ses activités traditionnelles de banque commerciale des affaires, mais ne prend qu'avec retenue le virage de la désintermédiation. Médusé par le renouveau de Suez et sa conquête de la Société générale de Belgique, au cœur d'anciennes terres Paribas, Michel François-Poncet paraît chercher une riposte. À l'automne 1989, et sans objectif bien clair, il se lance dans une OPA hostile sur la Compagnie de Navigation mixte présidée par Marc Fournier, un des boursiers les plus retors de la place de Paris. L'OPA ne réussit pas, Paribas y épuise ses forces et son crédit. Jacques de Fouchier, le parrain toujours présent, écarte Michel François-Poncet et nomme en 1992 à la présidence du directoire son successeur à la Compagnie bancaire, André Levy-Lang.

L'immense talent de ce dernier avait été de donner un nouveau souffle à la Compagnie bancaire lorsque les banques qui l'avaient longtemps soutenue commencèrent de la concurrencer à la fin des années 1970. Confiant dans la force des spécialistes, voyant loin dans l'utilisation des nouvelles technologies, il avait conforté les anciens métiers de la Compagnie tout en en créant de nouveaux, l'assurance avec Cardif, la gestion financière avec Cortal, la vente hors réseau avec la Banque directe. Il apporta à Paribas ce goût et ce savoir des métiers techniques et les appliqua au développement de lignes de produits plus sophistiqués, comme les valeurs libellées en euro ou la conservation des titres. Souhaitant gérer à brides courtes Paribas et la Compagnie bancaire, il dut aussi faire face aux lourdes charges de la crise immobilière et aux turbulences de 1994. Au cœur des métiers de la banque d'investissement, il perdit quelques barons du groupe dont il ne partageait pas la culture de marché et de risques. Il n'eut ni le temps ni probablement le goût de doter Paribas du partenariat américain sans lequel, au milieu des années 1990, la vocation de la banque relevait de la mission impossible. Pour améliorer les performances financières du groupe, André Levy-Lang fusionna en 1998 Paribas et la Compagnie bancaire, sa filiale à 50 %. Harcelé par le marché pour faire mieux, il revenait pleinement aux métiers qu'il aimait et où il s'était vraiment épanoui. Ce fut une bonne opération de « relution » (c'est-à-dire une augmentation du bénéfice par action) saluée par la bouse qui réévalua le titre. Mais au-delà de ce concept de spécialités techniques, le nouvel ensemble présentait peu de cohérence de métiers. Axa, principal actionnaire de Paribas, avait depuis quelques années mesuré, à travers son contrôle de la banque américaine DLJ, les forces mais aussi les exigences d'une authentique banque d'investissement. Lorsque Claude Bébéar commença de presser le président de Paribas de se vendre à la BNP, ne savait-il pas qu'il condamnait cette activité, cœur de la banque ? Dans un sursaut de lucidité et de dignité, André Levy-Lang fit du moins affaire avec celle des grandes banques françaises qui portait le plus haut les métiers voisins de ceux de Paribas. Le 1er février 1999 il annonça son projet de fusion avec la Société générale.

La sagesse de Lazard

Le 13 novembre 2001, la banque Lazard annonce la nomination à la tête du groupe de Bruce Wasserstein, l'homme qui a le plus de grandes fusions-acquisitions à son tableau de chasse, le héros des *big deals*, selon le titre du livre qu'il a écrit pour les raconter. Ainsi va sans doute se poursuivre au XXIe siècle l'histoire séculaire d'une maison dont le secret a toujours été l'association d'une famille avec des *shoguns* de grand talent. Peu avant 1930, David Weill recruta ainsi André Meyer qui dominera bientôt la banque à Paris puis à compter de 1940 à New York. Trois générations de David-Weill, toujours présents et attentifs, sauront s'effacer derrière un homme exceptionnel qui était devenu l'un des gourous de la finance de Wall Street et qui leur a fait gagner beaucoup d'argent. Dans les années 1970 à 1980 à Paris, des associés de premier ordre développent la maison mais deux d'entre eux, Antoine Bernheim et Bruno Roger tiennent une place prééminente et paraissent parfois, dans le village parisien, faire ombre au propriétaire, Michel David-Weill, qui s'en accommode. L'arrivée du plus flamboyant des *deal makers* américains paraît répéter l'histoire.

La réussite si improbable de telles associations repose évidemment sur un profond accord entre la famille et ses mandataires sur les objectifs. Il s'agit de gagner pour tous le maximum d'argent en prenant le moins de risques possibles. Ainsi la famille pourra-t-elle conserver son contrôle et les associés faire fortune et épanouir leurs egos. Pour ce faire, il faut renoncer définitivement à bâtir une banque d'investissement active sur les marchés où le profit est accumulé par une suite de risques calculés au mieux mais jamais éliminés. Il faut se concentrer sur les activités de conseil et de gestion de fortune rémunérées par des commissions et qui ne comportent aucun risque de crédit ou de marché. Il faut contrôler les frais et ne jamais s'embarrasser d'équipes trop nombreuses. Il faut surtout fuir toute forme de crédit, source inéluctable de pertes aux yeux d'André Meyer. La clé du succès réside alors dans le recrutement des meilleurs talents, capables de vendre au prix le plus élevé leurs conseils. Le service doit inclure le prestige de la maison, fait du faste discret du propriétaire, des relations des associés, du mystère dont tous s'entourent. André Meyer voisinant dans son appartement du Carlyle de New York avec les Kennedy et y recevant sobrement les Premier ministre français, sut porter au plus haut degré cet art de la séduction. Mais les clients en avaient souvent aussi pour leur argent et la liste est longue des opérations d'acquisitions, de cessions, de fusions que Lazard a conseillées. Depuis la vente de Citroën à Michelin jusqu'au développement de Cap Gemini, la banque a joué un rôle majeur dans la transformation de l'économie française, comme elle l'a joué plus modestement il est vrai aux États-Unis dans le pétrole et l'expansion du groupe ITT au temps de sa splendeur.

Mais aujourd'hui Lazard doit affronter les puissantes machines des banques d'investissements américaines qui, le conseil donné, engagent leur crédit pour garantir les opérations boursières qui suivent. Afin de répondre à ce défi, la banque s'est associée au Crédit agricole, jugeant sans doute que c'était la maison qui avait le moins de chance de la concurrencer sur son terrain propre. Si ce mariage de la carpe et du lapin ou plutôt de la tête et des jambes a déjà créé un certain flux d'affaires, il révèle plus qu'il ne corrige les limites du métier de Lazard.

Plus délicate mais jamais évoquée doit être aujourd'hui la question de l'intéressement des associés. André Meyer, à la belle époque, fit une substantielle fortune, quoique sans rapport avec celle des nouveaux industriels de la technologie. Certes la famille lui reconnaissait une part des profits réalisés par la banque, mais selon la coutume de l'époque, il investissait lui-même à ses côtés dans les opérations les plus prometteuses. Tous les banquiers d'affaires agissaient ainsi et leurs chefs de bourse passaient une bonne partie de leur temps à gérer le portefeuille du président. Aujourd'hui ces transactions sont prohibées parce que suspectes évidemment d'être motivées par les informations exclusives que possède le banquier. Or les gains en bourse sont beaucoup moins fiscalisés que les bonus ou les salaires. Les *stock-options*, qui sont l'outil moderne de ces rémunérations en capital, ne sont pas aisées à mettre en place dans des maisons non cotées. Il faut alors trouver des substituts, tels que des *stock-options* notionnelles, sortes de clones abstraits de titres côtés, ou encore des fonds de valeurs gérés par d'autres spécialistes de la banque et dont les associés sont actionnaires.

Parfois les associés de Lazard se sont lancés dans la gestion permanente d'entreprise, comme Antoine Bernheim dans la grande distribution avec Euromarché, ou l'assurance avec La France. Les résultats ne furent pas dans l'ensemble à la hauteur des espérances. Car telle est l'ironie des affaires que ceux qui conseillent le mieux sont souvent inaptes à agir comme ils le recommandent.

Ces bévues furent limitées et Lazard eut l'immense sagesse de se cantonner à ses métiers et de refuser d'en sortir. C'est ce qui lui a valu de survivre à travers hauts et bas jusqu'à nos jours dans les mains de la même famille. Une telle pérennité en fascina beaucoup et nombreux furent ceux depuis cinquante ans qui songèrent à répliquer le modèle. Aucun n'alla bien loin, sauf un qui avait beaucoup d'atouts et qui sut les jouer admirablement. David de Rothschild, chassé de sa maison en 1982 comme André Meyer en 1940, sut à partir de peu de choses mais tout de même de son nom bâtir une maison inspirée de Lazard et qui, par ses succès, la dépasse déjà.

Quo non ascenderunt ?

Pendant longtemps la présence des banques américaines fut discrète en Europe. Les plus grandes maisons de New York avaient des succursales dans les capitales mais elles ne mordaient pas vraiment sur les fonds de commerce locaux. Quelques exceptions notoires traduisaient des situations historiques particulières. En Allemagne, où les militaires américains offraient un marché captif, la Citibank avait très tôt développé une activité de banque familiale. Fondant des espoirs sur l'attrait unique des États-Unis pour les Italiens, la Bank of America avait créé la Banca d'America e d'Italia, active dans toute la péninsule mais la revendit à la Deutsche Bank. Enfin à Paris, de son prestigieux pignon de la place Vendôme, Morgan & Cie cultivait depuis un siècle une clientèle française et américaine limitée, mais de choix.

Tout bascule à la fin des années 1980. Les grandes banques d'investissement américaines renforcent leur implantation à Londres et partent à l'assaut du continent. Elles ont compris que l'économie européenne va beaucoup se transformer. Les programmes de privatisations sont gigantesques. Les regroupements, fusions, acquisitions d'entreprises vont se multiplier avec l'avènement d'un vrai marché unique, d'abord à l'intérieur des pays puis à l'échelle de l'Europe entière. Les opportunités sont immenses pour de bons professionnels : il va falloir conseiller les entreprises, leur apprendre à mieux structurer leur dette et leurs fonds propres ; le plus souvent, elles ne savent pas dialoguer avec les investisseurs, présenter leurs projets à court ou moyen terme en des termes qu'ils comprennent. Les Américains peuvent leur enseigner cet art du *road show*, de la vente par un patron de son projet à des épargnants qui vont y adhérer et y investir leurs fonds. Alors les banques pourront-elles garantir les émissions de papier sûr d'être placé, voire les préfinancer par des crédits relais très bien rémunérés. La concurrence locale est faible, malhabile. Les grandes banques commerciales n'ont pas la même qualité professionnelle, elles connaissent mal les investisseurs institutionnels hors de leur propre pays. Les banques d'affaires européennes ne sont pas à la hauteur des nouvelles dimensions du marché. Fortes de cette analyse les grandes banques d'investissement de New York déferlent à Paris, à Francfort, à Milan et démarchent les présidents comme jamais. En quelques années, elles raflent la mise. Dans les années 1990, il n'y a guère de privatisation, d'émission de dette, d'augmentation de capital que l'une ou l'autre ne dirige. Il y a peu de restructuration qu'elles ne conseillent. Il y a peu d'opérations innovantes, telle que l'émission d'un nouveau type de titre complexe, qui ne soit inspirée par elles. En tête caracolent Goldman Sachs et Morgan Stanley. Puis viennent Merrill Lynch, plus puissant encore mais moins constant, Crédit Suisse First Boston, Morgan, Lehman Brothers, Salomon Smith Barney… bientôt DLJ, qu'Axa a trouvé par hasard dans la corbeille d'Equitable. Tous les classements affirment leur prééminence à l'échelle internationale. Car si telle banque tient à peu près son rang dans son marché d'origine, seules les américaines occupent une part impressionnante du marché européen.

Comment y sont-elles parvenues ? Toutes ces maisons mobilisent des capitaux importants dans des métiers bien définis et relativement restreints. Ce sont les intermédiaires du marché financier, ceux qui organisent la confrontation de l'offre et de la demande de capitaux et facilitent finalement l'accord qui fera la transaction. Pour jouer pleinement ce rôle, une banque d'investissement doit être proche, par priorité, des investisseurs, c'est-à-dire des offreurs de capitaux. Quiconque a suivi une de ces banques sur le sentier d'un *road show* de Philadelphie à Cambridge (Massachusetts) après un crochet à San Francisco ou Denver, a été impressionné par l'intimité complice qui l'unissait à bien des gestionnaires de capitaux visités. À la tête d'un investisseur institutionnel européen de bonne taille pendant près de huit ans, je n'ai jamais été démarché comme tel par aucun Européen. Car le ressort ultime de leur puissance est bien la capacité de placer dans le marché une grande variété de titres et donc d'abord de comprendre quel gestionnaire de fonds peut les acheter, pourquoi et à quel prix. Ce travail de fourmi, à la base, poursuivi quotidiennement au téléphone ou à l'écran par de nombreux spécialistes, permettra à la banque de mieux définir les paramètres souhaitables des titres à émettre, c'est-à-dire la demande de capitaux que ses clients pourront adresser au marché. Elle pourra alors souscrire avec des risques réduits à ces émissions, c'est-à-dire en garantir la bonne fin. Elle facturera à un prix élevé cette garantie, jusqu'à 4 ou 5 % du montant de l'opération parce que le risque demeure toujours et qu'il faut rémunérer les travaux de bénédictin qui l'ont néanmoins rendue acceptable. La relation avec les émetteurs se construit ainsi sur cette intelligence active du marché qui mesure la capacité de placement de la banque. Les idées les plus originales et les plus brillantes de fusion ou d'acquisition peuvent se donner alors libre cours ; si elles doivent, comme c'est souvent le cas, se prolonger en opération de capital, elles devront être soumises au diagnostic des vendeurs de titres qui ne voudront pas compromettre l'actif le plus précieux d'une banque d'investissement : la confiance des investisseurs. Une telle rigueur si spécifique suffit à expliquer pourquoi ces métiers s'épanouissent mieux dans des maisons spécialisées hors des banques commerciales. La culture et les disciplines propres à l'investissement ne se marient pas bien avec les grandes organisations hiérarchiques des banques commerciales. Celles-ci ont des intérêts distincts et souvent opposés à ceux des banquiers d'investissement : leur objectif premier est la sécurité des crédits consentis à leurs clients et non l'optimisation des fonds propres dans l'intérêt des actionnaires. Celles qui l'oublient et qui se montrent plus flexibles dans l'octroi des crédits pour gagner des mandats de banque d'investissement jouent avec le feu. C'est ce qu'ont fait, à la fin de 2001, les grandes banques américaines qui ont prêté de larges sommes à Enron dans l'espoir que la société leur paie plus tard des honoraires pour sa restructuration. Elles risquent de perdre une bonne partie de ces crédits qu'une banque commerciale prudente n'aurait pas consentis, sans jamais percevoir les honoraires espérés.

Les banques d'investissement américaines ne sont pas pour autant de simples boutiques de conseil. Elles disposent de bilans significatifs appuyés sur des capitaux propres comparables à ceux de nos grandes banques de dépôts. Ainsi les fonds propres de Goldman Sachs atteignent-ils 18 milliards d'euros et ceux de Morgan Stanley 21 milliards d'euros au 31 décembre 2000, ce qui n'est pas éloigné des 21,5 milliards d'euros mobilisés à cette date par BNP Paribas, la plus grande banque universelle française. Ce sont les dimensions du marché américain de capitaux et son explosion depuis dix ans qui permettent à des maisons de mobiliser de tels moyens exclusivement sur les risques des métiers spécialisés de la banque d'investissement. Elles sont cependant tributaires des cycles des marchés financiers pour la dette et surtout pour le capital actions. Ceux-ci font varier fortement les volumes d'opérations. On ajuste alors les équipes sans état d'âme et les moins performants des *traders* quitteront la banque et pour beaucoup d'entre eux le métier. Les plus forts resteront mais verront leur rémunération chuter brutalement. Les actionnaires de ces maisons doivent vivre, eux aussi, avec cette volatilité. Ceux qui l'acceptent pensent en tirer profit. Tous escomptent qu'en période haute la banque leur apportera plus de bénéfice qu'aucune autre entreprise de services financiers.

Le succès des banques américaines en Europe est dû pour une large part à cette solide assise domestique. Elle leur donne une base plus large mais leur a permis aussi d'ouvrir l'épargne américaine aux entreprises européennes, ce qui leur donne une force compétitive exceptionnelle. Il y a d'autre cause à cette conquête que les Européens doivent méditer. De par leur spécialité, ces maisons ont diffusé chez tous leurs cadres, y compris européens, une maîtrise technique et une capacité de mobilisation et de travail qui ne peuvent pas s'épanouir facilement dans les vieilles banques commerciales. Certaines ont su dans l'environnement hors normes des salles de marché créer des microclimats de banques d'investissement avec les systèmes d'incitation qui les accompagnent, mais ils restent à l'écart du gros de la troupe et n'y ont pas de rôle moteur.

Car aujourd'hui, les Américains ont franchi de nouvelles étapes. Marqués par l'expérience des *hedge funds*, ils sont de plus en plus tentés d'assumer un rôle de *principal*, c'est-à-dire d'investisseur. À la recherche d'investissements exceptionnellement attrayants, ils se sont intéressés depuis le milieu des années 1990 au rachat, à contre-cycle, d'actifs déprimés. Goldman Sachs, appuyé par un fonds spécialisé, est l'un des plus actifs repreneurs de créances immobilières dépréciées dont les groupes européens, et en premier chef français, se sont débarrassés à bas prix à partir de 1995. Depuis peu, avec Morgan Stanley et GE Capital, ils rachètent en bloc des ensembles d'immeubles dont les sociétés publiques ou des industries de haute technologie largement endettées veulent se débarrasser pour alléger leur bilan. Après avoir vendu leurs services pour modeler le passif des entreprises par l'émission de titres plus adéquats, les voici donc attelés à restructurer l'actif en les débarrassant de lignes qui les alourdissaient. Propriétaires pour quelque temps de centraux téléphoniques ou de boutiques de toutes natures, ils les revendront le plus vite possible, au détail, à de nouveaux investisseurs. Bien qu'ils consacrent des moyens importants à les étudier, ces opérations ne sont pas sans risques et peu d'établissements, pour le moment, les suivent dans cette voie.

Face à cette force qui va, dans toute l'Europe, la concurrence voudrait qu'une riposte s'organise. N'était-ce pas là le ressort du projet Société Générale-Paribas qui avait sans doute les moyens et les talents, si ses dirigeants l'avaient voulu, de l'entreprendre ? Aujourd'hui dans l'Union européenne, c'est à Francfort seulement que la Deutsche Bank paraît avoir relevé le défi de Wall Street. Mais hors de l'Union et depuis longtemps déjà les Suisses avaient décidé de prendre leur part dans cette conquête des banques américaines. Du seul fait de leur nationalité, les grandes banques suisses accumulent du monde entier des capitaux considérables. Bien rémunérées pour leurs services, elles font de substantiels profits que les conditions très favorables offertes au petit nombre de leurs clients domestiques sont loin d'épuiser. Hors de Suisse, elles ne souhaitent pas créer de vastes réseaux classiques qui les mettraient à la merci de gouvernements hostiles. Il était assez pertinent pour elles d'investir dans la banque d'investissement dont les techniques et les produits pouvaient intéresser leur vaste clientèle de déposants étrangers. Le Crédit Suisse prit ainsi dès les années 1980 une participation puis le contrôle de la First Boston tandis que la Société de Banque suisse, fondue depuis dans l'Union de Banque suisse, acquérait en 1995 Warburg. Crédit suisse First Boston a toujours bénéficié d'une certaine autonomie par rapport à sa mère. Celle-ci agit en actionnaire attentif et sait quand il faut, et par exemple très récemment, changer le management. L'UBS qui avait fait avant Warburg d'autres acquisitions à Londres, notamment la grande maison *d'asset management* Philips-Drew, tente d'intégrer davantage ses unités de banque d'investissement et de retrouver le dynamisme et l'esprit européens qui étaient ceux de Warburg avant 1994.

Mais le tournant majeur en Europe a été pris par la Deutsche Bank qui veut désormais affronter les Américains sur tous les terrains de la banque d'investissement, y compris par des prises d'intérêt viril dans des actifs à restructurer. Pour réussir, l'ancienne maison a accepté d'en passer par une profonde révolution stratégique et culturelle comme aucune banque française l'a seulement envisagé. Souhaitant mettre tous les atouts dans son jeu, elle réduit sa présence dans la banque de détail en Allemagne, il est vrai peu rentable. Après avoir été sur le point de vendre tout son réseau d'agences, elle s'est bornée pour le moment à mettre en commun avec les autres banques de dépôt son activité de crédit hypothécaire et à céder sa compagnie d'assurance vie, mais il y a fort à parier qu'elle ira plus loin. Après avoir acquis Morgan Grenfell à Londres en 1989 et l'avoir patiemment soumise puis intégrée, elle a fait un bond en avant spectaculaire en prenant en 1996 le contrôle de Bankers Trust, celle des banques commerciales américaines la plus tournée vers les marchés et la finance. Au sein de son directoire, sommet de *l'establishment* économique allemand, elle a accueilli un fort contingent non allemand, et c'est un Suisse de Zurich qui doit prendre la présidence. Dans tous les pays, en Amérique comme en Europe, elle veut attirer à elle les meilleurs banquiers d'investissement du marché local et les associer à son projet. Face à Wall Street et au cœur de ses métiers, une maison de souche européenne, mais qui a su s'ouvrir à la culture d'entreprise américaine, tente aujourd'hui la riposte. L'avenir seul dira si elle y réussit.

L'histoire parallèle du courtage d'assurance

Pour la couverture des risques des entreprises, les courtiers jouent un rôle de même nature que celui des banquiers d'investissement. Il s'agit d'étudier, de classer, de mesurer les risques de toute nature auxquels est exposée une activité : risques physiques du feu, de l'eau, de la nature ; risques de responsabilité du fait de préjudices portés à des tiers ; risques économiques et financiers du fait de défaut de production, de pertes d'exploitation, voire de dégradation de la marque ou de l'image. Chacun de ces risques, comme l'année 2001 l'a tragiquement révélé, peut coûter de plus en plus cher à une entreprise, voire l'engager dans une spirale de procès et de discrédit qui la ruinera à petit feu. Bâtir une protection contre ces risques en l'ajustant aux caractéristiques et notamment à la capacité de résistance financière de chaque groupe, est une tâche délicate. Le métier de courtier d'assurance, fort de son expertise, est de conseiller l'entreprise dans la mise en place de ces protections, puis de rechercher pour elle sur le marché les offres qui lui assurent la meilleure couverture avec la meilleure sécurité au meilleur prix. Les compagnies d'assurance appuyées par leurs réassureurs détiennent souvent la meilleure réponse. Il faudra parfois aller plus loin et solliciter directement le marché des capitaux pour l'émission de ces obligations catastrophes, les *cat. Bonds*, dont les souscripteurs s'engagent à renoncer au remboursement du capital en cas de catastrophe naturelle. S'adressant alors aux investisseurs financiers et non plus aux compagnies, le courtier sera en concurrence immédiate avec les banquiers d'investissement dont les plus pointus, tels que Goldman Sachs ou la Société générale, maîtrisent bien ce type de produit.

Jusqu'à la fin des années 1980, les courtiers français étaient dans leur majorité des entrepreneurs individuels ou familiaux qui déployaient de grandes qualités de dynamisme commercial et d'imagination technique. Les plus grands, Jutheau, Cecar, Gras Savoye, Leblanc de Nicolay, Verpieren, avaient été fondés par l'animateur actuel ou un parent de la génération précédente. Ils devaient certes s'affronter aux firmes anglaises et américaines plus puissantes mais s'ils s'associaient avec elles, ils gardaient leur indépendance.

Au tournant du siècle, les marchés français et européens sont dominés par les deux courtiers américains, Aon et Marsh, qui ont racheté à eux deux presque tous les grands cabinets français. Seul demeure très isolé, en tête de classement, Gras Savoye derrière qui se profile déjà le groupe anglais Willis.

Les grandes firmes américaines créent des réseaux mondiaux qui permettent d'offrir aux multinationales dans tous les pays non seulement la couverture des risques mais aussi un service précieux en cas de sinistre. La dimension qu'elles ont atteinte leur donne un pouvoir de négociation vis-à-vis de souscripteurs des compagnies d'assurance qui rassure les clients. Mais le marché fait ici la loi, plus que le poids du contrat. Le marché de l'assurance, à la différence du marché des capitaux financiers, n'est pas dominé par l'Amérique. Le Royaume-Uni, son prolongement des Bermudes et l'Europe continentale y pèsent d'un poids très lourd, notamment avec les deux plus grands réassureurs mondiaux situés l'un à Munich, l'autre à Zurich. Le supplément d'expertise des Américains est ici moins évident que dans la banque tant dans les montages d'assurance traditionnelle, encore largement prédominants, que dans les solutions plus sophistiquées où la Compagnie Suisse de Réassurance a pris une large avance. Les considérations patrimoniales ont pesé d'un grand poids dans la concentration du courtage d'assurance au bénéfice des plus gros. Forts de leur ancienneté et de leur vaste marché domestique, Aon et Marsh ont fait aux familles des offres qu'elles ne pouvaient refuser. Il n'est pas encore clair aujourd'hui que les actionnaires de ces deux grandes maisons aient tiré tout ce qu'ils attendaient de ces investissements. Ici en tout cas aucune riposte européenne ne paraît se dessiner pour le moment.

Ainsi l'Europe a-t-elle très largement abandonné aux Américains les métiers d'intermédiaire dans les grands marchés de capitaux de la banque comme de l'assurance. Face aux entreprises familiales de courtage, la pure et simple dimension a joué un rôle majeur. Dans le domaine de la finance, même s'il faut prendre en compte l'immense pool des capitaux américains, d'autres facteurs ont joué. Face aux rigidités européennes, la flexibilité, l'audace et la mobilité de maisons d'investissement, intimement adaptées aux risques et aux chances de leurs métiers, ont joué un rôle déterminant.

CHAPITRE 7

Splendeurs et revers des grands paquebots

Comme les monuments familiers dans nos villes, au cœur de la finance se dressent les grandes banques commerciales et les grandes compagnies d'assurance. En France, la Banque nationale de Paris (BNP), le Crédit lyonnais, la Société générale éclairent de leurs couleurs plus d'un carrefour, suivis par le CCF, le CIC, le Crédit du Nord. Plus discrets mais tout aussi denses les panonceaux d'Axa, naguère UAP, des AGF, du GAN, de CGU Abeille ornent les boutiques des agents d'assurance. Chaque pays d'Europe dispose ainsi de *majors* de banques et d'assurance dont les sièges dominent la capitale financière, dont les bureaux décentralisés figurent dans la rue principale des villes. Ces établissements ont occupé et tiennent encore une place centrale en leurs pays respectifs dans toutes les transactions financières. En revanche, aucune banque, BNP de Paris, Deutsche Bank de Francfort ou Barclays de Londres ne peut se prévaloir d'une telle référence à l'échelle de l'Europe. Il commence à en aller autrement dans l'assurance ou plusieurs groupes ont déjà bâti de respectables parts de marché européennes sans toujours les valoriser sous la même marque. Attaquées de plusieurs fronts toutes ces grandes maisons doutent davantage aujourd'hui du chemin à suivre.

La force historique des majors nationaux

Pendant de longues décennies, les grandes banques commerciales et les grandes compagnies d'assurance ont eu sur leur marché une suprématie apparemment inexpugnable. Leurs parts de marché étaient élevées et peu menacées. Au début des années 1960, les banques françaises précitées et leurs filiales collectaient 60 % des dépôts et distribuaient près de 50 % des crédits, beaucoup plus encore si on excluait les circuits publics subventionnés. Elles dominaient toutes les facettes du métier bancaire des systèmes de paiement à la finance. Ainsi, à la différence des États-Unis, aucune entreprise de carte de crédit ne put s'implanter en France hors du groupement créé par les grandes banques au bénéfice de la clientèle. Si elles s'intéressaient à toutes les clientèles et leur offraient tous les services, les entreprises demeuraient la cible privilégiée, celle que suivaient les présidents. Dans la clientèle individuelle, elles préféraient les comptes substantiels qui ne sollicitaient pas les crédits immobiliers ou personnels qu'elles abandonnaient à des établissements spécialisés. La situation était la même en Allemagne, en Italie et en Espagne où les caisses d'épargne plus tôt réformées accaparaient une large partie de la clientèle individuelle.

Il n'en allait pas de même pour les compagnies d'assurance dont l'essor avait été porté par l'obligation de l'assurance automobile et qui s'intéressaient donc très tôt à la clientèle particulière. Au début des années 1960, en assurance dommages, les grandes compagnies détenaient ainsi près de 80 % du marché.

Beaucoup de traits rapprochaient les majors d'un métier à l'autre et d'un pays à l'autre. En France et en Italie, les grandes banques et une partie des compagnies d'assurance avaient été nationalisées après la guerre. Tel n'était pas le cas en Angleterre, en Allemagne, dans les pays du Benelux. Mais elles avaient partout un statut tellement institutionnel que, sur les questions importantes, les actionnaires cédaient toujours le dernier mot au gouverneur de la banque centrale. Toutes ces maisons étaient anciennes, créées souvent à l'aube du développement industriel au XIXe siècle. Mais à l'exception de l'Espagne, peu avaient encore un caractère familial. Elles étaient en réalité dirigées par les meilleurs sujets des filières locales de méritocratie. Celles-ci variaient d'un pays à l'autre, la France et l'Allemagne occupant des positions extrêmes. Dans la première, les états-majors furent dans les faits, au moins pendant un demi-siècle, un bastion de l'Inspection des Finances alors qu'en Allemagne les hommes, également de formation universitaire longue, étaient sélectionnés à l'intérieur de l'entreprise. Une certaine évaluation politique voire confessionnelle pesait dans le choix final chez les nationalisées de France et d'Italie mais aussi, avec un souci d'équilibre, dans les entreprises les plus privées comme en Belgique, aux Pays-Bas ou en Allemagne. Car des maisons tellement associées à la vie intime des secteurs économiques du pays ne pouvaient ignorer les sensibilités multiples dont ils se réclamaient les uns et les autres. Sans doute ceux qui prirent en compte cette diversité philosophique résistèrent mieux à la montée des mutualismes. Sur le terrain, banques de dépôts et compagnies d'assurance avaient investi les canaux les plus traditionnels de distribution par la présence physique, à proximité de la clientèle. Les banques avaient ouvert des réseaux de guichets longtemps limités aux grandes et moyennes villes, laissant ainsi en friche un vaste champ dont les caisses mutuelles agricoles et rurales allaient se saisir pour y dérouler leur expansion. Les assureurs historiques n'ont suivi cet exemple dans aucun pays. Ils ont concédé leurs relations de clientèle à des mandataires, libres comme les courtiers ou exclusifs comme les agents généraux. Ceux-ci ont été les pionniers de la pénétration au XXe siècle de l'assurance dans toute la population, et notamment en milieu rural. Fortement syndicalisés, ils ont partout, mais singulièrement en France, obtenu du législateur des statuts légaux très protecteurs dont les rigidités ont finalement fait hier le succès des mutuelles et aujourd'hui celui des banques.

Très tôt les majors européens étendirent leurs activités hors des frontières nationales. Les banques françaises, anglaises, hollandaises créèrent des réseaux de succursales ou prirent des participations dans les banques des pays voisins. Les Anglais et les Français avaient de solides banques coloniales en Asie mais aussi en Afrique. Les compagnies d'assurance donnaient mandat à des agents locaux ou prenaient des participations dans des compagnies en Europe, en Amérique latine, aux États-Unis. Il existait ainsi dans chacune des deux professions une confrérie internationale faite d'intérêts communs, de relations de correspondants et de cultures très voisines.

Les traits communs et l'affinité n'interdisaient pas tout individualisme. Au fil des années des cultures d'entreprises naissaient sous la pression du marché, des circonstances ou de la personnalité des dirigeants successifs. Les grandes banques anglaises, baptisées *clearers*, grandies sous le couvert d'une assez stricte division du travail avec les *merchant banks* et les sociétés de crédit hypothécaire, *building societies*, concentrèrent plus tôt leur attention sur les systèmes de paiement et le crédit personnel. Les banques continentales, plus universelles, développèrent plus ou moins chacune des spécialités. En dépit de leur consanguinité dans le secteur public, la Société générale et la BNP avaient cultivé avec succès des champs d'orientation différents, plus spécialisé et financier pour la première, plus commercial et international pour la seconde, cependant que le Crédit lyonnais, s'il devait perdre le plus ancien des réseaux internationaux des banques françaises, conservait à travers tous ses avatars une clientèle bourgeoise et de PME que ni la rougeur de ses comptes ni celle de l'incendie de son siège détournèrent jamais de lui. Chez les assureurs, la technique du métier et le statut des intermédiaires imposaient plus de conformité. Celle-ci n'empêchait pas par exemple les AGF, loin derrière l'UAP dans le marché des particuliers, de faire jeu égal avec elle auprès des entreprises par sa domination de l'assurance crédit ou de créer, seule parmi les Européens, une grande filiale au Brésil. Elles s'y affrontent aujourd'hui aux banques espagnoles qui ont entrepris depuis vingt ans une reconquête spectaculaire de l'Amérique latine où Banco Santander et BBVA sont premier et second dans l'industrie bancaire à l'échelle du continent. Parmi les assureurs italiens, la puissante Generali a conservé de son histoire une orientation vers l'Europe centrale et orientale. Ainsi les majors ont-ils développé, au cours de leur histoire et surtout de la plus récente, des stratégies et des savoir-faire qui les valorisent individuellement au-delà de leur position sur le marché domestique. Celle-ci, entre-temps, leur est de plus en plus contestée.

À l'assaut des majors

L'attaque a surgi sur plusieurs fronts, le marché des ménages, ceux des entreprises et de la fortune. En France, la plus spectaculaire fut celle des mutuelles dans la banque comme dans l'assurance. Soutenue par les ressorts décrits plus haut, l'offensive des mutuelles bénéficia aussi de faiblesses stratégiques des grandes maisons. Pourtant installées au cœur de toutes les mutations économiques du pays, les banques de dépôt ne mesurèrent que tard les besoins de services bancaires de masse que l'enrichissement général allait faire naître. Au début des années 1960, elles se désintéressaient encore pour la plupart de la clientèle jeune, de ses petits comptes et de ses besoins de crédit. Elles avaient encouragé Jacques de Fouchier et Jack Francès, lorsqu'ils créèrent des établissements spécialisés dans ces métiers et les refinançaient avec de confortables marges. Jusqu'au jour tardif où elles prirent conscience de l'expansion du Crédit agricole. Le coup de tonnerre fut l'ouverture, en 1972, d'une agence de la Caisse de l'Île-de-France avenue Mozart, au cœur du XVIe arrondissement de Paris. Jacques Mayoux eut beau expliquer sans rire qu'il s'agissait de financer les résidences de campagne des citadins d'Auteuil, l'*establishment* bancaire commença de prendre peur. Son premier mouvement fut de se mobiliser pour cantonner l'expansion des caisses mutuelles encore dotées de confortables privilèges. Mais le statut nationalisé était peu propice à une vraie fronde débouchant sur des actions judiciaires à Paris ou à Bruxelles comme on en vit plus tard. Progressivement, les banques de dépôt décidèrent de se battre sur le terrain même des mutuelles en leur disputant pas à pas la clientèle des agglomérations. Elles semblent y avoir réussi, au moins dans les produits bancaires et financiers et leur part de marché, après avoir chuté, s'est stabilisée autour de 40 % pour les dépôts et de 45 % pour les crédits où elles ont bénéficié, parallèlement aux mutuelles et aux caisses d'épargne, de l'effacement des circuits bonifiés et de l'affaiblissement des établissements spécialisés. Elles ont surtout défendu et même amélioré leur rentabilité dans ces métiers de la banque de proximité où elles dégagent des profits supérieurs à 20 % des fonds propres mis en œuvre, au niveau des meilleures performances européennes. Pour y parvenir elles ont déployé des capacités de productivité et de marketing de masse qui étaient nouvelles pour elles et dont témoigne de manière spectaculaire leur préparation à l'euro. La maturité du Crédit agricole et son entrée dans le club au sein d'une nouvelle association professionnelle œcuménique ont aussi tempéré la concurrence, même s'il démontre encore par son essor dans l'assurance une incontestable supériorité dans la vente de services financiers aux ménages des villes moyennes. Ce sont des combats semblables qu'ont dû livrer les banques commerciales des autres pays européens, soit contre des mutualistes comme en Allemagne, en Autriche, aux Pays-Bas, soit contre des caisses d'épargne. À l'exception sans doute des banques bavaroises, les Allemands ont beaucoup de difficultés à défendre leur position et surtout leur rentabilité dans les marchés de la clientèle individuelle. Les autres y ont mieux réussi, souvent contre des caisses d'épargne plus institutionnelles, la palme de la puissance et de la rentabilité revenant aujourd'hui aux grands *clearers* anglais et aux banques espagnoles.

L'assaut des mutuelles a autant pris par surprise les assureurs que les banquiers. Longtemps, ils ont refusé de croire que ces organisations fragiles leur arracheraient la moitié du marché des particuliers. Leur riposte sur le terrain fut d'abord de mobiliser leurs réseaux traditionnels, agents généraux, courtiers indépendants et parfois captifs. En 1984, le jeune Claude Bébéar, nouvelle star de la profession, dans un discours aux accents bibliques, lança un solennel appel à la guerre contre la montée des mutuelles. La future Axa a été aussi loin qu'il était possible à l'époque dans cette dynamisation des réseaux traditionnels. Aller au-delà comme le fit le GAN avec des tarifs de dumping conduisait à la catastrophe et finalement au retrait. La part de marché des mutuelles poursuivit néanmoins son ascension, freinée seulement après 1992 par les erreurs d'investissement de la Macif et surtout de la Garantie mutuelle des fonctionnaires. Aujourd'hui la défense des compagnies traditionnelles appelle des réformes plus profondes. Sauf pour les plus gros, proches des courtiers, les agents généraux doivent être débarrassés des tâches de gestion et orientés, stimulés, rémunérés davantage comme des réseaux commerciaux. Dans les grandes villes, les boutiques salariées s'imposent ainsi que d'audacieuses stratégies de multidistribution qui sachent, le moment venu, utiliser les ressources immenses de l'Internet. La tâche sera rude d'autant que les banques mutualistes, Crédit mutuel en tête, ajoutent depuis dix ans leur offensive dans toutes les branches de l'assurance à celles des mutuelles sans intermédiaires. Les compagnies tentent de reprendre l'initiative par des politiques de distribution multi-canal qui ont commencé avec des développements de réseaux salariés et se poursuivent dans de nombreuses directions, dont des partenariats avec les banques, comme le font les AGF avec le Crédit lyonnais. Mais la force des statuts d'intermédiaire leur vaudra sans doute encore de reculer avant de vraiment se ressaisir.

À l'heure de l'euro, il aurait été naturel que les majors nationaux de la banque et de l'assurance soient attaqués sur leurs marchés de détail par un ou plusieurs d'entre eux lançant une vaste offensive à travers l'Europe. La vente directe, l'ouverture de nouvelles agences, le déferlement de forces de vente à domicile, l'acquisition de gré ou de force de maisons de pays voisins, tout cela nous était promis il y a quinze ans avec l'avènement du marché unique. Le mouvement est en marche à coup sûr, mais il a été jusqu'ici prudent et même timide. Les développements de la banque directe ou de l'assurance directe trans-européennes sont réels mais très limités. Dans la banque, ING direct est le seul incontestable succès avec 1,5 million de clients dans plusieurs pays. Direct Insurance, la filiale de la Royal Bank of Scotland, qui a conquis en un éclair 15 % du marché britannique, se déploie en Espagne avec un succès honorable. Les banques hypothécaires anglaises et allemandes, fortes de leur expertise, n'ont pas vraiment pris racine à ce stade hors de leurs marchés nationaux. En France, pas plus qu'en Allemagne et en Angleterre, ne voit-on des réseaux de banques étrangères figurer vraiment à côté des majors. La percée la plus intéressante à cet égard a été faite dans la clientèle haut de gamme par la Citibank qui offre à sa clientèle du monde entier un service informatique sans équivalent.

Il en a été un peu différemment dans l'assurance où les grandes compagnies européennes ont depuis plus de vingt ans fait des acquisitions substantielles dans les pays voisins. Aujourd'hui en Allemagne les troisième et quatrième groupes sont italiens et français. En France, le troisième est affilié à la première compagnie allemande et c'est le cas en Italie du deuxième. En Espagne, les deuxième et troisième sont également adossés à l'une des grandes compagnies européennes. Allianz, Axa, Generali ont aujourd'hui en Europe des positions dominantes. Les Hollandais, les Anglais ont donné la préférence à des acquisitions américaines. Toutes ces participations ont été prises à l'amiable, y compris celle d'Allianz chez AGF pour repousser sans difficulté la tentative hostile du président français de

Generali. Plus proches les uns des autres que les banquiers, moins stratégiques aux yeux de l'opinion et des politiques que les grands réseaux de guichets bancaires, les compagnies d'assurance ont tissé une des premières vraies toiles européennes dans les services financiers. L'acquisition inattendue du CCF par la puissante HSBC, déjouant les avances lancinantes d'ING et de la Kredietbank, montre bien qu'avec le temps la banque pourrait être touchée par le même mouvement.

On ne peut reprocher aux majors aucune négligence sur le front des entreprises ou des collectivités publiques. Attentives à leurs besoins, à la qualité de leurs relations, les grandes banques comme les grandes compagnies d'assurance ont toujours donné la préférence à la grande clientèle à tel point qu'elles ont longtemps refusé de regarder en face la faible rentabilité de beaucoup de ces comptes. C'est pour suivre ces entreprises hors de leurs marchés domestiques que Français, Allemands et Hollandais principalement ont ouvert des succursales sans espoir de profit à Singapour, à Los Angeles ou à Shanghai. Sur le continent, elles ont combattu l'émergence des spécialistes. En France en 1982, alors que Jacques Delors et les services du Trésor s'interrogeaient sur une nouvelle manière de gérer l'immense bazar bancaire nouvellement nationalisé, le concept de pôles de compétences avait été un moment en faveur. L'Est de Suez à Indosuez, l'Afrique à la BNP, l'Amérique au Crédit lyonnais et à la Société générale, le commerce extérieur à la BFCE, peut-être la banque d'affaires à Paribas. L'indifférence du gouvernement mais surtout l'implacable lobby des trois grandes banques toujours réunies pour défendre leur gazon commun, avaient abattu ces idées avant même qu'elles prennent leur envol. Une nouvelle fois la place de Paris, pourtant régie dans le détail par les bureaux du ministre, parvenait moins bien à s'organiser que Londres, Francfort ou Milan.

L'offensive des banques d'investissement américaines les prit cependant par surprise. Elle fut progressive mais rapide après 1988 pour atteindre son apogée en 1995 et n'en plus bouger. Les privatisations des années 1980 en Angleterre, en France en Italie s'étaient faites pour l'essentiel entre banques européennes, y compris les *merchant banks* de Londres. Celles des années 1990 furent le plus souvent dominées par les maisons de New York, ouvrant la porte à des investisseurs plus riches, plus pénétrants, et contrairement aux idées reçues, moins court-termistes que les investisseurs européens. Conduisant en 1996 la privatisation des AGF qui revenaient de loin avec les malheurs du Comptoir des entrepreneurs et du Crédit chimique, j'ai trouvé à Boston, à Philadelphie, à New York des acheteurs plus originaux et plus disponibles pour un redressement à moyen terme qu'à Paris ou à Francfort. Les banques d'investissement jouaient un rôle d'intermédiaire non seulement financier, mais intellectuel entre ces nouveaux investisseurs et ces nouveaux émetteurs qu'elles éduquaient les uns aux autres. Après le placement de titres, Goldman Sachs, Morgan Stanley, Merrill Lynch et d'autres ravirent dans toute l'Europe les premières places dans le conseil en fusions-acquisitions puis dans la restructuration et la cession de créances et d'actifs en détresse. Elles surent choisir dans les pays européens des hommes de qualité pour les introduire auprès de la clientèle, coordonner leurs démarches sur le terrain, découvrir de nouvelles opportunités. Quittant la présidence de la Société générale en 1986 et laissé une deuxième fois sans emploi par Jacques Chirac, Jacques Mayoux eut tôt fait de signer chez Goldman Sachs et fut à la pointe de la conquête. Jusqu'au virage récent de la Deutsche Bank, aucune des grandes banques européennes ne tenta autre chose que de limiter la casse en partageant avec les Américains les opérations de leurs meilleurs clients domestiques.

Aujourd'hui elles risquent d'affronter une nouvelle attaque sur leur clientèle de particuliers fortunés. Les mêmes banques d'investissement américaines et aussi les fameux *hedge funds*, assagis par la flambée de LTCM en 1998 mais toujours à la pointe de l'imagination, offrent à la clientèle des capacités de gestion plus innovante et efficace que celle des professionnels européens. Les conseillers de patrimoine indépendants les relaient efficacement auprès de la clientèle et menacent les fonds de commerce traditionnels des grandes banques de dépôt.

Les assureurs n'ont pas subi sur leurs clientèles d'entreprises d'offensive américaine comparable à celle des banques d'investissement. Mais elles doivent compter aujourd'hui avec la domination des deux grands courtiers américains, Marsh et Aon, qui ont accaparé la représentation de plus de la moitié de leurs grands clients. Si les risques sont finalement inscrits dans leurs livres, avec l'encaissement des primes correspondantes, puis réassurés pour une bonne part par les grandes maisons suisses et allemandes, elles ont perdu de leur influence sur la manœuvre des tarifs et des mises en concurrence. Cet affaiblissement est en partie responsable de la sous-tarification chronique des grands risques de l'industrie et des transports que la catastrophe du 11 septembre 2001 a brutalement mise au jour, à la surprise plus ou moins feinte des dirigeants des compagnies aériennes. L'heure est à la revalorisation forte des tarifs, seule capable de faire fonctionner correctement la mutualisation des risques. Mais beaucoup de compagnies s'interrogent aussi sur leur avenir dans ces métiers vulnérables des grands risques dont la volatilité est accélérée par le grand courtage. Ainsi naissent aujourd'hui dans les grandes maisons de banques et d'assurance des interrogations stratégiques plus cruciales sur leurs métiers, leurs périmètres et leur identité même.

Questionnements stratégiques des banques

En France, la pensée unique s'ordonne autour de la concentration. Hommes politiques, journalistes interrogent : qui va absorber qui ? Comment grossir ? Comment créer un, deux, trois champions nationaux ? En 1999 tel ministre qui n'avait pas osé fermer une sous-préfecture ou une recette perception tonnait contre l'insupportable volonté de survie de la Société générale. Les chefs de maison eux-mêmes paraissent parfois désemparés par cette opinion dominante et relisent pour la millième fois la liste des capitalisations bancaires à la recherche d'un bon parti. En revanche peu s'interrogent sur les métiers qu'il s'agirait de maîtriser dans ces vastes rassemblements. Fusionner pour quoi faire ? Pour mieux dominer quels métiers ? Avec quels atouts renforcés ? Le modèle implicite est toujours celui de la banque universelle qui sera d'autant plus apte à exercer tous les métiers qu'elle sera plus grosse. C'est celui qui inspira l'aventure de Jean-Yves Haberer au Crédit lyonnais. Par une lecture superficielle de la banque allemande, il le poussera jusqu'à ses limites extrêmes en ajoutant l'investissement industriel aux métiers de la banque commerciale. Les fonds propres pourtant limités et destinés à la protection des déposants, d'autant plus précieux que la banque affichait l'ambition de dire plus souvent « oui » que « non » à ses clients, et donc de prendre plus de risques que les autres, auraient dû être investis dans les emplois les plus sûrs, tels que les obligations du Trésor, et constituer des réserves pour les coups durs. Au lieu de quoi ils furent placés dans le capital même des entreprises industrielles auxquelles la banque prêtait le plus de capitaux. La catastrophe devint assez vite prévisible. Avec une tout autre prudence et une grande méfiance à l'égard de la banque-industrie, c'est bien le modèle de la banque à tout faire qui a inspiré aussi l'étonnante OPA de la BNP de Michel Pebereau sur le projet Société générale-Paribas. La plus commerciale des grandes banques françaises décidait soudain d'absorber d'un coup deux maisons qui tentaient ensemble de bâtir un projet français de banque d'investissement, aux antipodes des traditions et des savoir-faire les mieux établis de la BNP. À l'arrière-plan des desseins ministériels de réunir sous la houlette du mutualisme régional, Crédit Agricole-Crédit Lyonnais et Indosuez, éclate encore la volonté de faire gros sans s'interroger sur la capacité d'un tel ensemble de battre la concurrence sur quelques produits ou services d'avenir.

Or rien n'est moins évident aujourd'hui que la viabilité de ce modèle de grande banque universelle. Peut-être représente-t-il à court terme l'avantage de mieux contrôler un marché domestique en faisant la part du feu aux spécialistes étrangers de la banque d'investissement et de la gestion de fortune. Mais il est très improbable que de telles banques deviennent des acteurs majeurs d'Euroland et *a fortiori* de la finance mondialisée. Les métiers se complexifient et requièrent de plus en plus de vrais spécialistes. La banque de masse des particuliers, la gestion de l'épargne, le placement de fortunes, les opérations de marché ou d'investissement dans les titres de dette ou dans les actions mettront en œuvre de plus en plus de techniques élaborées et de procédures juridiques délicates. Les clients seront d'autant plus exigeants qu'ils découvriront peu à peu la concurrence de maisons plus spécialisées affichant des performances que la banque à tout faire ne leur apporte pas. Les bons spécialistes seront de plus en plus attirés par des maisons qui les valorisent davantage parce qu'elles mettent à l'honneur leurs spécialités et qu'elles seront une référence dans leur carrière. Plus profondément une banque qui veut compter à l'échelle de l'Europe doit se transformer en multinationale où les hommes sont distingués et promus selon des critères plus professionnels et moins généralistes que dans le microcosme familier d'une culture nationale. C'est la qualité de son projet professionnel qui attirera d'abord à la très grande banque française les bons spécialistes allemands, espagnols ou polonais dont elle a impérativement besoin pour exister dans l'Euroland.

La banque universelle ne constitue plus aujourd'hui un projet professionnel crédible pour l'immense majorité des banques. Deux grandes maisons peuvent peut-être y prétendre qui disposent d'atouts inégalables : Citigroup, dirigé par un exceptionnel entrepreneur de services financiers, associe à l'échelle du monde des métiers assez différents, assurances toutes branches, banque d'investissement, banque commerciale, services aux particuliers. Il n'est pas du tout sûr encore qu'elle réussira mais elle a l'atout du marché américain de capitaux derrière elle. Elle a su par ailleurs acquérir et valoriser des unités telles que Schroder et Salomon Smith Barney dans la banque d'investissement ou Travellers dans l'assurance qui étaient des joueurs de première ligne dans leurs spécialités. En Europe, la HSBC, l'ancienne Hong Kong & Shanghai Banking Corporation, se rapproche dans ses ambitions du modèle universel avec davantage de prudence en fait de banque d'investissement. Mais elle a, elle aussi, pour le moment, l'atout d'une position dominante sur le marché bancaire de Hong Kong, le plus rentable du monde. En Europe, beaucoup de bonnes maisons ont abandonné le rêve de tout faire et s'organisent dans des périmètres plus limités. Les grands *clearers* anglais ont choisi la banque commerciale pure et le service des particuliers avec des percées remarquables dans l'assurance. Elles veulent grandir d'abord en prenant le contrôle des anciennes caisses d'épargne aujourd'hui démutualisées qui leur apporteront, par exemple, des fonds de commerce de crédit hypothécaire. Peu à peu elles essaimeront le modèle sur le continent. La Deutsche Bank tente le virage vers la banque d'investissement et de gestion d'actifs tandis que le second en Allemagne, la BHV Bank, se concentre davantage sur les ménages. Les deux grandes banques espagnoles, les plus riches d'Europe, se sont lancées avec une audace étonnante à la conquête de l'Amérique latine et y développent, comme en Espagne, tous les métiers de la banque commerciale en demeurant très prudentes sur les marchés de capitaux. L'esprit d'entreprise de leurs dirigeants les poussera tôt ou tard vers des acquisitions européennes utiles pour équilibrer leurs risques latino-américains considérables. Leur richesse ne sera peut-être pas suffisante pour convaincre des banques de pays voisins et leurs zones d'expansion naturelle pourraient se trouver plus naturellement chez les hispanophones américains. Aux Pays-Bas, ABN Amro et ING sont en pleine réévaluation stratégique qui les conduit déjà à restreindre leurs périmètres d'activités et pour la seconde à faire retraite de l'incursion inattendue qu'elle avait faite dans la banque d'affaire en décidant en un week-end le rachat de Barings.

Les grandes banques françaises pour leur part demeurent très attachées au mirage de la banque universelle. Est-ce leur longue histoire dominatrice, à l'abri du capitalisme d'État ? Ou encore un passé international prestigieux mais souvent superficiel qui les égare sur les véritables rapports de force ? Est-ce la personnalité des dirigeants que des carrières de jeunes chefs n'ont pas prédisposés au partage ? Le fait est que depuis trente ans, lorsqu'elles prirent conscience de l'erreur que fut l'abandon du crédit aux ménages à des établissements spécialisés, elles affichent de voraces ambitions de banques à tout faire. Et leur stratégie se résume assez simplement à acquérir, si possible à bon prix, tout ce qui est à vendre sur le marché domestique pour mieux atteindre cet objectif.

Pourtant elles ont chacune cultivé de vrais talents qui pourraient fonder un choix de métiers plus sélectif. La Société générale, à l'instigation de plusieurs générations de dirigeants, a su bâtir dans les crédits spécialisés, tels que le crédit bail puis les opérations de marché et son secteur le plus sophistiqué des produits dérivés, plus récemment dans le courtage en ligne, des forces qui comptent bien au-delà de son marché domestique. De tous les français, elle est celle qui a poussé le plus loin l'acquisition de banques d'investissement ou de gestionnaires d'actifs du marché américain et pris le contrôle d'acteurs de qualité même s'ils sont du deuxième cercle. Certes elle n'a pas négligé pour autant la rentabilité de son réseau domestique de détail, a su y ajouter dans d'excellentes conditions celui du Crédit du Nord et pousse en Europe ses pions dans la banque de proximité. Mais pour raisonner en économiste, son avantage comparatif relatif se situe bien dans la première gamme d'activités. Il y avait donc beaucoup de cohérence dans le choix courageux que firent en 1999 André Levy-Lang et Daniel Bouton de tenter dans la fusion de la Société générale et Paribas la création d'une assez authentique banque d'investissement. Les administrateurs les ont soutenus, avec enthousiasme pour beaucoup d'entre eux, regrettant seulement que les cadres supérieurs de la Société générale n'aient pas su mieux séduire d'emblée leurs homologues chez Paribas. Le hasard des participations chez AGF voulut que je fus, lors du déclenchement des opérations, le seul administrateur commun à la Société générale et à Paribas. Avec discrétion mais détermination, j'apportai tout le soutien possible au projet, tant dans les débats du conseil que par des achats de titres sur le marché. Des commentateurs ont vu là un épisode de la rivalité d'Allianz, actionnaire majoritaire des AGF, et d'Axa, favorable à l'OPA de la BNP. Les amis de celle-ci ont cru utile de pousser jusqu'à Munich des gesticulations qui ont, au total, bien servi la Société générale. En l'occurrence il n'en était rien. La décision de choisir le projet SocGen-Paribas fut certes débattue avec Allianz qui, à la différence du Crédit lyonnais, était peu familière avec ces participations. Mais la décision fut prise à Paris en considération de l'intérêt d'un tel projet et donc du potentiel de valorisation qu'il pouvait offrir à ses actionnaires. Les grands groupes ne sont pas monolithiques et leur réelle stratégie d'affrontement n'explique pas tous leurs choix. La perte de Paribas fut un échec mais elle n'a pas aboli les forces propres de la Société générale ni les atouts qu'elles lui donnent dans plus d'un métier.

Avant de faire échouer le projet SocGen-Paribas pour recueillir seulement cette dernière, la BNP avait caressé bien d'autres idées. Longtemps première maison française par la taille de son bilan et de ses fonds propres, la BNP était la quintessence même de la grande banque commerciale de qualité. Par tempérament comme par héritage, ses chefs successifs la développèrent dans l'équilibre, attentifs à défendre sa part de marché sans trop tendre ses risques, ce qui fut malaisé pendant les années 1988-1993 quand, de l'autre côté du boulevard, le Crédit lyonnais brûlait ses vaisseaux en lui arrachant des clients. Présente dans toutes les spécialités, la finance, les crédits spécialisés, la gestion de fortune, les marchés, elle ne choisit jamais de devenir un acteur dominant dans l'une d'entre elles. En revanche dans les services les plus nouveaux de la banque commerciale, tels que la gestion de flux de trésorerie, elle est bien en tête du peloton. Diverse dans ses métiers, la BNP a aussi été très ouverte sur le monde. Héritière de positions très anciennes en Asie, en Océanie, en Afrique, elle a su aussi très tôt développer une activité américaine de banque commerciale, modestement à New York, puis à grande échelle en Californie. Après 1980 elle a surtout été la seule à engager avec une autre grande européenne, la Dresdner Bank, un partenariat durable et à l'origine ambitieux dans ses objectifs. En 1992, René Thomas, président depuis 1982, convainquit Pierre Bérégovoy de nommer à sa place Michel Pebereau. Le choix faisait honneur aux hommes qui l'assumèrent hors de toute préférence partisane. Meilleur banquier commercial de sa génération, prudent quant aux risques, méfiant à l'égard des métiers les plus spéculatifs de la finance, Michel Pebereau avait admirablement réussi le redressement puis l'essor du Crédit Commercial de France. Après avoir dû, comme tous, apurer les pertes de la crise de 1991-1993 puis privatiser avec succès la BNP en 1993, il s'intéressa aux opportunités de croissance externe que le marché français lui offrait. Celles-ci étaient alors nombreuses, avec au premier rang, le Crédit lyonnais que Jean-Yves Haberer venait de quitter. Si, face à la montée des mutualistes, une concentration des grandes banques françaises devait intervenir, aucune solution ne pouvait être plus cohérente qu'un rapprochement BNP-Crédit lyonnais, les plus proches par leurs cultures, leurs profils d'activités et leur intimité de toujours. À l'époque il aurait fallu pour l'accomplir un geste politique fort, protégeant les actionnaires de la BNP des pertes passées de la gestion du Crédit lyonnais. Ni les politiques ni l'opinion n'étaient alors prêts à une telle audace qu'il aurait fallu imposer à Bruxelles. Du moins la BNP aurait-elle pu prendre date pour l'avenir. Une autre occasion se présenta dès 1995. Partagée entre sa vocation industrielle et financière, la Compagnie de Suez était affaiblie par les pertes de la crise et son cours de bourse chutait profondément. Michel Pebereau se rapprocha de l'UAP, l'un de ses grands actionnaires, et proposa de réunir la BNP, le groupe Suez et la grande compagnie d'assurance. Le projet ne manquait pas d'allure. Les capitaux du Suez auraient musclé la banque au moment où la Banque Indosuez lui apportait des actifs précieux en France, mais aussi en Asie et au Moyen-Orient. Jean-François Lepetit, alors administrateur-directeur général d'Indosuez, plaidait pour ce scénario qui aurait, mieux qu'aucun autre, fait fructifier les atouts d'Indosuez. Enfin une expérience précoce mais prometteuse de bancassurance aurait été tentée à Paris. Déjà tournée vers l'industrie, le Suez refusa le projet et, curieusement, Michel Pebereau ne tenta pas de passer en force alors que le titre BNP était en pleine croissance et le titre Suez au plus bas. Deux ans plus tard, il ne concourra pas vraiment au rachat d'Indosuez mis en vente par Gérard Mestrallet et que le Crédit Agricole achètera. La BNP ne fut pas plus chanceuse pour le rachat du CIC qu'elle désirait pourtant beaucoup. Pour des raisons mystérieuses qui tiennent sans doute aux scrupules de son président, elle refusa de s'intéresser au CCF. En réalité Michel Pebereau n'aime pas payer cher. De la race de ceux qui durent, il sait que la prudence gagne plus souvent que l'audace et la prudence commande de ne jamais surpayer, même si des occasions sont perdues. Aussi a-t-il refusé au début de 1996 de prendre à l'abordage le Suez, qu'il aurait sans doute pu acquérir pour 40 milliards de francs dont il se serait remboursé en revendant seulement deux ans plus tard les participations industrielles. Lors des appels d'offre pour la cession du CIC ou même celui d'Indosuez, la BNP a mesuré avec sagesse le prix proposé. Mais elle était en concurrence avec des mutuelles qui bénéficient, du fait de leur statut même, de fonds propres abondants et peu rémunérés. Elle perdit chaque fois l'affaire et fut blâmée sans égard pour sa prudence qui est la première qualité d'un banquier.

Mais le chœur des déclamants peut un jour faire vaciller les plus sages et c'est bien ce qui arriva à Michel Pebereau lors de l'annonce de la fusion SocGen-Paribas. Il lança alors sur les deux établissements une OPA dont tous les traits trahissaient la ligne suivie jusqu'ici : la dimension de la cible, les métiers et le style de Paribas aussi étranger à la BNP qu'aux goûts de son président, l'hostilité extrême et le prix payé qui valorisait le groupe Paribas à trois fois ce qu'il aurait sans doute fallu payer, prime de contrôle comprise, pour le Suez trois ans plus tôt. La forte association avec Axa, même diluée par la suite, compromettrait le partenariat avec la Dresdner, dont Allianz détenait 23 %, alors que chacun sentait venir l'heure des rapprochements européens et qu'aucune maison n'avait autant investi que ces deux-là dans une coopération bilatérale. Ayant habilement mené son combat, la BNP gagna Paribas sans la Société générale. Il n'est pas sûr qu'elle puisse à elle seule relancer un projet de banque d'investissement européenne auquel elle ne paraît pas croire, même si elle a assez de muscle sur le marché français pour dériver vers elle un certain flux de transactions domestiques. En revanche la banque valorisera certainement très bien les filiales techniques de l'ancienne Compagne bancaire. Première banque universelle française, forte sur l'un des grands marchés de l'Union, BNP-Paribas peut-elle devenir un major du nouveau marché en formation de l'Euroland ? Elle n'y parviendra qu'en se réunissant à une ou plusieurs maisons de pays voisins qui partagent sa vision du métier.

Même s'il s'en cacha, Jean Peyrelevade dut éprouver beaucoup de plaisir à être nommé, sur la proposition d'Édouard Balladur, président du Crédit lyonnais en 1993. Certes il quittait les hauteurs prestigieuses de l'UAP, mais il retournait dans la maison où il avait acquis sa compétence et sa réputation de banquier et c'était un Premier ministre de droite, celui-là même qui l'avait chassé du Suez en 1986, qui l'appelait à la rescousse. L'apurement du passé, dans son extrême complexité, fut le défi majeur des premières années. La cession des actifs compromis à une société nouvelle, filiale de l'État, le CDR, gérée par des hommes étrangers à la banque, fut une bonne initiative. Sa mise en place fut entourée de nombreuses critiques qu'on aurait aimé davantage entendre lors des jours fastes de la gestion du Crédit lyonnais. Car il est ardu de démêler puis de trancher rapidement les liens multiples qui unissent les anciennes et les nouvelles affaires d'une banque. Il fallut ensuite céder une partie des activités hors de France pour répondre aux exigences de Bruxelles qui ne pouvait accepter, au regard d'une saine concurrence, qu'un État renfloue une banque malade sans vendre une fraction au moins de ses actifs sains, comme devrait le faire une société privée placée dans les mêmes conditions. Enfin vint le redressement progressif mais certain, en dépit de l'extraordinaire incendie du siège séculaire du boulevard des Italiens en mai 1996. Le rebond de la banque, qui a dépassé en 2000 les 10 % de rentabilité sur fonds propres et se rapproche des ratios de la profession, témoigne des forces authentiques que conserve le Crédit lyonnais : un fonds de petite et moyenne clientèle française exceptionnellement fidèle, une marque mondiale, un portefeuille ancien de clients américains non sans risques, une équipe financière, notamment en Asie, qui a étonnamment bien résisté à la crise de la région. C'est en évaluant ses forces et son potentiel de redressement que le gouvernement a conçu en 1997 la privatisation de la banque. D'emblée il a écarté un scénario de regroupement avec l'une des deux autres grandes banques commerciales de la place, BNP ou Société générale. C'était bien pourtant la solution qui eut été la plus naturelle, de celles qu'ont choisies New York, Londres, Milan, Madrid, Amsterdam et tant d'autres pour renforcer les majors nationaux. Mais la décision était entre les mains de politiques sensibles aux inclinations des dirigeants et plus encore aux pressions des syndicats redoutant plus que tout d'éventuelles mises en commun des moyens. Il faut reconnaître aussi que si le cas BNP-Crédit lyonnais était sur ses mérites propres très fort, il ne fut pas vendu très vigoureusement par la BNP, du moins sur la place publique. Le gouvernement choisit alors de favoriser la Caisse nationale de Crédit agricole en lui donnant 10 % du capital, au sein d'un groupe d'actionnaires partenaires (GAP) où il admit cependant des acteurs musclés comme Axa, BBVA et surtout AGF-Allianz qui avait développé avec le Crédit lyonnais des accords significatifs de distribution de produits d'assurance et avait donc des intérêts concrets à défendre. Un tel cercle aurait ouvert à n'importe quel management de larges champs de manœuvre. Pour un stratège accompli comme Jean Peyrelevade, c'était une aubaine. Décidé à maintenir l'indépendance de sa maison, il sut jouer à merveille de toutes les ambiguïtés du GAP : faiblesse évidente du Crédit agricole qui n'a guère fait ses preuves avec Indosuez et qui ne dit pas comment il gérera, sur le terrain français, la concurrence des caisses mutuelles avec les guichets de la banque commerciale ; handicap des AGF contrôlées par Allianz ; activisme d'Axa et de BBVA mais qui ne s'appuie sur aucune coopération concrète avec la banque. De cet ensemble de faiblesses et de forces contraires, Jean Peyrelevade peut tirer une véritable dynamique s'il sait inspirer un accord relativement durable entre plusieurs de ses partenaires. Ce n'est pas impossible car tel est sans doute pour quelque temps l'intérêt commun du Crédit agricole et des AGF auquel un autre peut se rallier. S'il sait contrôler son vieux démon du risque, le Crédit lyonnais pourrait alors persister dans son identité et une relative indépendance. Il serait porté par une stratégie originale faite, en partie, de coopérations étendues dans plusieurs métiers avec un petit nombre de partenaires. Un tel cheminement laisse ouvert l'avenir et, en tout état de cause, les autres voies aujourd'hui ouvertes paraissent plutôt moins riches ou moins réalistes.

Ainsi n'est-il pas impossible que la France conserve un certain temps ses trois majors auprès de groupes mutualistes, dont le plus grand peut-être adoptera un jour un statut mieux adapté à des ambitions internationales. La perspective d'un tel *statu quo* semble attrister parfois les notables. Pourtant des pays comparables, Grande-Bretagne, Italie, Allemagne comptent le même nombre d'unités ou se fixent pour objectif d'y parvenir. L'essentiel est que les maisons trouvent leur dynamique propre de croissance et de rentabilité sur leurs marchés et chacune des trois peut y parvenir. L'idéal serait que l'une ou l'autre d'entre elles développe dans quelques métiers d'avenir une expertise et des capacités telles qu'elle s'impose à un espace beaucoup plus large que son marché domestique, au-delà de l'Euroland même. Ce n'est pas la douloureuse fusion de deux grands acteurs nationaux qui permettra de telles percées. C'est le miracle le plus souvent imprévisible d'une stratégie gagnante, fait de l'accord fragile entre une équipe, un projet et des circonstances favorables.

L'avancée des compagnies d'assurance

Chez les assureurs la concentration a précédé de plusieurs années l'interrogation sur les métiers. Aujourd'hui Allianz, Axa, Generali et Zurich dominent le marché des compagnies européennes et figurent tous les quatre parmi les majors mondiaux à côté de quelques américains et hollandais. Cette puissance accumulée à coup d'acquisitions ne leur confère pas de position d'oligopole, tant les situations sont encore diverses d'un pays à l'autre et la part des mutuelles étendue dans plusieurs grands marchés. Premier en Europe, Allianz n'y dépasse pas 4 % de parts de marché en vie et non vie cumulées et sans doute 7 % en non vie. Les quatre compagnies ont réussi à engager à leur profit un mouvement de concentration très au-delà de ce à quoi les banques sont parvenues. Pourtant la fusion de compagnies d'assurance est un processus intrinsèquement beaucoup plus lourd que celui des banques. En vie, les sociétés d'assurance doivent gérer des portefeuilles de contrats anciens très divers dont la commercialisation a été abandonnée depuis longtemps mais dont les titulaires ont des droits bien vivants qu'on ne peut négliger. En dommages, les statuts des intermédiaires requièrent des boucles informatiques plus décentralisées et donc plus coûteuses. Le mouvement de rapprochement des compagnies a été lancé par Claude Bébéar en France puis, après 1990, dans le monde entier. La création d'Axa à partir de sociétés mutuelles et commerciales réunies dans les années 1980, puis son débarquement à New York chez Equitable et enfin la prise de contrôle au meilleur moment, en 1996, de l'UAP, un des majors européens, a frappé partout les esprits d'une profession très particulariste. À elle seule l'aventure d'Axa a été un facteur significatif de la fièvre de concentrations qui a saisi l'assurance. Bien sûr des considérations économiques et politiques ont joué aussi leur rôle. Les assureurs ont pris assez vite conscience des menaces que les mutuelles et les banques faisaient peser sur eux du fait de leurs avantages de coûts. Ils en ont déduit que la concentration corrigerait par des économies d'échelle cette infériorité. Le raisonnement ne sera pas toujours vérifié tant il est difficile dans ces métiers de services de changer rapidement de dimension tout en améliorant ou même en maintenant la productivité. Les concentrations de compagnies d'assurance ont été aussi favorisées par une certaine indifférence de l'opinion et des politiques. Alors que les banques centrales d'Italie et d'Espagne veillaient jalousement sur leurs banques, elles ont laissé Allianz devenir le premier assureur dommages italien en prenant le contrôle de Riunione adriatica di Sicurtà (RAS), et Generali puis Allianz les deuxième et troisième assureurs espagnols. En France, les trois majors, UAP, AGF et GAN, ont négocié leur affiliation à d'autres groupes, soit après leur privatisation, comme UAP et AGF, soit lors de leur privatisation. Ni le gouvernement ni la banque centrale ne se sont intéressés vraiment à la création, derrière Axa, d'une seconde compagnie commerciale française comme les Allemands l'ont intelligemment bâtie avec Ergo derrière Allianz. La capacité d'investissement de plus de 100 milliards d'euros de réserves mathématiques leur paraissait alors moins digne d'intérêt que le sort de banques régionales chères au cœur d'élus locaux. Même dans l'assurance la concentration n'est pas à son terme. Mais des mouvements significatifs ne peuvent maintenant concerner que les mutuelles. L'exemple d'Axa et de sa démutualisation en taraude quelques-uns, tels Jean-Claude Seys qui a su déjà rapprocher la Maaf et les MMA. Avec Jean-Claude Lenormant il s'est engagé dans une stratégie offensive et ne cache pas sa volonté d'acquisition. Il n'y parviendra qu'en échappant aux contraintes du pur mutualisme et en maîtrisant comme il l'a fait avec talent jusqu'ici le cycle de l'assurance. Il sait qu'il devra être vigilant car il n'y a pas de pardon pour celui qui manœuvre à contre-courant.

Avant même la catastrophe du 11 septembre 2001, les compagnies d'assurance ont commencé de s'interroger aussi sur leurs métiers. Avec une certaine liberté intellectuelle et une audace stratégique nouvelle, elles remettent en question tantôt les services qu'elles offrent, tantôt leur position dans les chaînes de production et de distribution. Même les plus grandes, traditionnellement attachées à l'universalité du métier d'assureur, réévaluent leur mission. Un premier débat porte sur les grands risques industriels et leur réassurance. La garantie de ces risques d'entreprises, de compagnies d'aviation ou de navigation a été déficitaire à la fin des années 1990 du fait de fortes baisses de tarifs. Celles-ci ont été provoquées par l'afflux de capitaux dans l'assurance et la réassurance de 1991 à 1994 et le jeu habile des courtiers entre les sources possibles de garantie. Plusieurs grandes compagnies, telles que la CGNU, ont déjà décidé de se retirer de la couverture de ces grands risques et de se concentrer sur les particuliers et les PME, moins volatiles. Les pertes gigantesques de 2001, provoquant des difficultés majeures à certaines compagnies ou à certains syndicats du Lloyd's de Londres, vont créer un mouvement des tarifs à la hausse qui à son tour déclenche des nouveaux investissements, à hauteur de 10 milliards de dollars US à la fin de 2001 dans les sociétés spécialisées de réassurance des Bermudes. Ainsi les coups de boutoir des risques terroristes au début des années 2000 vont-ils renouveler la profession des grands risques, comme le cyclone Andrew l'avait fait au début des années 1990.

D'autres compagnies s'interrogent sur la position qu'elles doivent prendre dans la chaîne d'un produit. Faut-il élaborer les contrats, les vendre, en gérer les sinistres ? Faut-il se spécialiser dans l'une ou l'autre phase du processus ? Un grand scandinave, Skandia, a décidé de suivre cette dernière voie en sélectionnant des produits vie vendus notamment aux États-Unis par de nombreux distributeurs. Sans renoncer à tous ses réseaux, Axa s'intéresse aussi à des architectures dites « ouvertes » où producteurs et distributeurs ne se confondent pas.

Le débat le plus chaud touche au périmètre d'expansion des compagnies dans les services financiers. Depuis quelque temps les assureurs avaient glissé de la vente de contrats d'assurance vie à l'offre de produits d'épargne. Plusieurs, comme Axa, la Zurich ou Allianz s'étaient attachés les services au fil des années 1990 de gestionnaires de capitaux le plus souvent américains pour mieux investir les capitaux ainsi recueillis.

Mais les banques conservent une position majeure dans l'épargne proposée à la clientèle au fil des relations bancaires courantes. Le pas que Prudential à Londres en 1997 puis les AGF à Paris en 1999 décidèrent de franchir fut d'offrir eux-mêmes un service bancaire à leur clientèle. L'innovation majeure de Banque AGF ne fut pas d'ouvrir un guichet en ligne mais de créer une nouvelle ligne de guichets chez tous les intermédiaires de la compagnie, agents, courtiers et conseillers salariés, afin de les faire bénéficier des contacts et de l'intimité d'une relation bancaire courante avec la clientèle. Allianz a donné une ampleur nouvelle à cette expansion en absorbant son affiliée, la Dresdner Bank dont elle souhaite faire l'un des distributeurs majeurs de ses produits d'épargne, notamment des nouveaux fonds de pension allemands. À bien des égards cette offensive n'est qu'une riposte à l'entrée en force de la banque dans l'assurance vie et dommages soit par acquisition de compagnies, comme on a vu faire le Crédit suisse avec Winterthur, soit le plus souvent par création de sociétés captives. Elle constitue néanmoins une mutation majeure dans la mesure où la compagnie d'assurance propriétaire d'une grande banque, comme la banque largement impliquée dans l'assurance, doivent mesurer, gérer et contrôler des risques très différents de ceux que leur culture et leur savoir-faire maîtrisaient jusqu'ici.

Ainsi en Europe désormais les univers des majors de la banque et de l'assurance vont-ils se rapprocher, parfois se recouper ou se rejoindre. Certaines se spécialiseront dans des métiers bien définis, d'autres étendront leurs services et leurs garanties mais se cantonneront à certaines clientèles, par exemple les particuliers, comme le firent avec sagesse les mutualistes lorsqu'ils abordèrent l'assurance. D'autres encore se flatteront d'offrir tous les services à toutes les clientèles. Ceux-ci revendiquent l'ambition d'être de vraies entreprises universelles de services financiers. Il leur faudra beaucoup de talents et pas mal de chance pour y réussir durablement.

CHAPITRE 8

Des comptoirs aux multinationales

La tentation de l'étranger guette le financier plus que tout autre professionnel. Car la banque comme l'assurance fut internationale avant d'être domestique. Les maisons les plus anciennes et les plus prestigieuses qu'on garde aujourd'hui en mémoire – beaucoup d'autres ont sombré et sont oubliées – effectuaient à l'origine des transactions qu'on qualifierait aujourd'hui d'« internationales » : le change, le crédit documentaire, le règlement inter-places, la garantie maritime, et puis toujours et partout le financement des souverains et le conseil dans la gestion de leurs avoirs. Les premières grandes banques de Venise et d'Amsterdam, puis de Londres, Francfort et Paris conduisaient ces opérations à travers toute l'Europe ainsi qu'au Levant, en Russie et plus tard en Amérique. Elles avaient à cette fin des sortes de succursales lorsqu'elles étaient utiles. Mieux encore, elles savaient migrer tout entières vers de nouvelles places lorsque les courants d'échange se déplaçaient. Plusieurs des plus célèbres *merchant banks* de Londres – Hambros, Rothschild, Schroder, Barings, Warburg – ont été fondées par des transfuges du continent. De 1870 à 1914, l'âge d'or de la première mondialisation, les grandes banques françaises étaient actives dans le commerce international en plein essor et organisaient les mouvements de capitaux vers les pays émergents de l'époque, au premier rang desquels la Russie et les États-Unis. Le Crédit lyonnais ouvrait des succursales dans ces pays, mais également dans tout l'Empire ottoman, d'Istanbul à Alexandrie. C'étaient des missions périlleuses qu'assumaient les cadres expatriés dans ces agences lointaines. Dans un attachant livre de souvenirs, l'un d'entre eux, directeur du Crédit lyonnais à Smyrne, raconte comment il a défendu sa caisse toute une nuit, le revolver à la main, contre les pillards de la ville, à l'époque de la guerre gréco-turque de 1922.

Les banques coloniales

Les guerres, les révolutions et les crises de la première moitié du XXe siècle vont mettre un terme à la plupart de ces aventures comme aux mouvements de capitaux qui les avaient suscitées. Le monde se fractionna et les grandes banques dans la tempête « ramenèrent beaucoup de toile ». Dans les années 1950 à 1970 les réseaux étrangers des banques hors de la petite Europe se sont restreints. Seuls, la Grande-Bretagne, la France et les Pays-Bas disposent de banques coloniales qui se convertissent à la décolonisation et essaiment autour de leur berceau d'origine. Les plus puissantes sont les anciennes banques d'émission des colonies asiatiques. La Hong Kong & Shanghai Banking Corp. et la Standard Chartered Bank rayonnent autour de leur berceau de Hong Kong. La Banque de l'Indochine perd ses réseaux chinois en 1950 puis son rôle de banque centrale du Viêt-nam en 1954 et doit quitter le pays en 1976. Mais elle maintient ses activités de banque commerciale à Hong Kong, Singapour, Bangkok, Kuala Lumpur et s'installe en Arabie saoudite. L'ABN hollandaise perd ses positions en Indonésie mais reconstruit à l'est de Suez un réseau commercial actif. Ces banques financent et sécurisent le commerce de l'Asie avec l'Europe. Mais elles tirent leur force principale des réseaux régionaux de la diaspora chinoise en Asie et de ceux des marchands de la mer Rouge dans la Péninsule arabique. Étrangers eux aussi dans les pays où ils ont pris pied, les Chinois de Bangkok ou de Kuala Lumpur sont heureux de confier leurs affaires à des maisons qu'ils connaissent bien et qui visent comme eux exclusivement le développement des affaires les plus profitables possibles. Les grandes banques métropolitaines d'Europe ne cherchent pas à cette époque à les concurrencer, sauf quelques exceptions comme la BNP, présente depuis longtemps dans certains pays d'Asie et qui ne se résout pas à s'y développer seulement à travers une association avec la Banque de l'Indochine. Mais les maisons allemandes, italiennes, espagnoles demeurent à l'écart de l'Asie et se bornent à y établir des relations de correspondants.

En revanche en Afrique ce sont des succursales et filiales de banques de la métropole, la Barclays, la BNCI devenue BNP et d'autres qui tiennent le rôle principal dans les anciennes colonies. Peu à peu elles se forment en filiales autonomes, mieux adaptées au contexte de la décolonisation.

Dans les pays développés plus proches, et d'abord en Europe de nombreux marchés sont fermés. En Europe du Sud ou dans celle du Nord, en Scandinavie notamment, les autorités n'autorisent pas l'implantation de banques étrangères et très exceptionnellement le rachat de banques locales par des intérêts étrangers associés à des nationaux. L'Allemagne paraît impénétrable comme le Benelux pour d'autres que Paribas et plus modestement Suez. Seule Londres et dans une certaine mesure la Suisse accueillent les banques étrangères. New York aussi délivre des licences aux grandes banques qui les demandent. Mais jusqu'au début des années 1970 la place fait peur et peu s'y installent sauf en association, comme la BNP avec la Banque de l'Indochine au sein de la timide French American Banking Corp. Dès cette époque, en revanche, les grandes banques commerciales américaines, Citibank et Chase en tête, ouvrent des agences dans le monde entier, fortes des pressions que les autorités américaines déploient en leur faveur.

Au bonheur des comptoirs

Même si elles n'ont eu que de modestes résultats, ces ouvertures américaines ont été l'un des facteurs du bouleversement des années 1970. Désormais et pour les vingt-cinq années suivantes, de nombreuses banques des États-Unis, du Canada, du Japon et d'Europe décideront de se doter d'un réseau international d'abord européen puis mondial. L'Union européenne obligeant les États membres après 1985 à ouvrir leurs marchés bancaires, les métropoles du continent, Paris, Francfort, Milan, Bruxelles, Madrid, Amsterdam voient se multiplier les banques étrangères. Il en va de même aux États-Unis où non seulement New York et Chicago, mais la Californie, le Texas, la Floride se couvrent de pavillons de banques non américaines. Sous la pression de l'OMC et des concurrences régionales, de nombreux pays d'Asie se libéralisent aussi. À Hong Kong et Singapour, comme à Séoul, Manille, Djakarta ou Taipei, des dizaines de licences sont accordées à des banques européennes, japonaises ou américaines. Si l'Arabie saoudite demeure totalement fermée, hors d'un petit cercle d'établissements venus très tôt, Bahrein, Abu Dhabi, Dubaï acceptent de nouvelles implantations étrangères. Les pays les plus réticents, en Scandinavie ou aux antipodes, l'Australie et la Nouvelle-Zélande, sont entraînés dans le mouvement, rejoints enfin par les anciens pays communistes. La Chine, avec son insondable sagesse historique, accordera ses premières licences à la fin des années 1980 aux anciennes banques coloniales qui avaient tant prospéré dans les concessions de Shanghai, d'abord la Hong Kong & Shanghai Corporation (HKBC), puis la Banque Indosuez. Par la suite, entre Shanghai, Pékin, Canton, Tianjin et d'autres, la banque centrale de Chine va délivrer deux cents licences de succursale à des établissements qui ont piétiné pendant longtemps dans la file d'attente, obligés pour y progresser de lui accorder de larges crédits à faibles marges. D'un pays à l'autre ces licences ont des contenus variables. De plein exercice dans l'Union européenne, elles sont le plus souvent restreintes ailleurs. Aux États-Unis, il faut se couler dans les cadres stricts des réglementations locales. Dans les pays en développement, les banques locales obtiennent souvent que les nouveaux venus soient cantonnés aux opérations avec l'étranger, certains comme la Chine ayant même longtemps proscrit aux banques étrangères les transactions en monnaie locale. Une fois admises, les banques pressent les autorités d'élargir leurs champs d'action et les règles de l'OMC vont soutenir leurs efforts. Mais les pays qui le veulent, grands ou petits, demeurent maîtres des périodes de transition qui peuvent s'allonger indéfiniment.

Du côté des banques, beaucoup ont participé à cet essaimage mais peu sans doute autant que les japonaises et les françaises. Les unes et les autres, de 1970 à 1990, étaient moins soumises que les anglo-saxonnes à des impératifs de rentabilité rapide. Refusant obstinément toute division du travail et tout partage du monde, les banques de dépôt françaises, tout comme Paribas, ouvrirent des succursales dans le monde entier. Même le CIC et le Crédit du Nord débarquèrent en Asie. Le plus sage et le plus sélectif fut le CCF qui se borna, hors d'Europe, à sa forte implantation au Brésil et quelques bureaux souvent efficaces de commerce extérieur. Attaquée dans sa zone naturelle, la Banque Indosuez riposta dès le début des années 1980 en y renforçant ses positions par une implantation en réseau dans tous les pays d'Asie, même les plus difficiles comme le Bangladesh et le Népal. Elle eut aussi l'idée, qui lui réussit bien, d'aller offrir les services de ce réseau à la clientèle industrielle de Finlande et de Suède, dont les banques étaient encore réticentes à s'établir dans ces régions.

Ce fut pour tous une période assez heureuse, riche de beaucoup de projets et d'espoirs. Les *business plans* des nouvelles implantations promettaient tous des profits élevés, les clients européens allaient partout acheter le réseau mondial de la même manière qu'en France ils utilisaient les services de la banque à travers tout le territoire. Les pays émergents apporteraient le surcroît de croissance qui manquait en Occident tandis que la couverture serrée de l'Euroland permettrait de financer partout les transactions des meilleurs clients partageant bientôt la même monnaie. Enfin, le réseau international changeait la vie du président : désormais la grisaille de l'hiver parisien serait rompue par de bons et utiles voyages au soleil des tropiques.

Voyage du président

Il s'est envolé un soir de février de Charles de Gaulle pour visiter la succursale que la Banque générale de Lyon a ouverte quelques mois plus tôt à Linemal, capitale des Charlines, un des pays les plus prometteurs d'Asie du Sud-Est. Le voyage est long car le courrier d'Air France fait encore deux escales jusqu'aux Charlines, le bout du monde. Mais le nouvel aménagement de la cabine des premières est spacieux et le président a manœuvré pour que le directeur international, un garçon brillant mais bavard, fasse un crochet par Hong Kong avant de le rejoindre sur place. Il a pu se détendre, regarder un bon film avant la nuit et commencer d'oublier les mauvaises nouvelles des derniers jours, les difficultés de trésorerie d'un très gros client, les Nouvelles Fonderies de l'Ouest, et pire encore, les deux chefs de filat d'emprunts perdus coup sur coup, bien sûr au bénéfice de la Société bancaire de Paris où son collègue, notoirement incompétent, joue sans vergogne de ses amitiés politiques. L'arrivée à Linemal en fin d'après-midi est superbe, le soleil couchant illumine la mer, la chaleur tropicale est tempérée par une légère brise. Au pied de l'avion, avec un officier de police, le directeur de la succursale emmène tout de suite le président vers une Mercedes noire qui va lui épargner toute formalité. C'est un ancien du réseau qui a fait toute sa carrière outre-mer, toujours bien noté. Encore jeune, il a rencontré à la Réunion cette jeune Mauricienne qu'il a fini par épouser et qui lui a fait travailler son anglais, ce qui lui a permis des affectations en Asie, mieux rémunérées et mieux considérées de la direction générale. Au salon d'honneur le président note intérieurement son savoir-faire. Il y a l'avocat de la banque, dont le rôle a été déterminant pour obtenir la licence par des voies un peu mystérieuses, le chef de la police de l'aéroport, inquiétant à force de sourires entendus, et bien sûr les cadres supérieurs de la succursale. Au premier rang se tient Song, ce Sino-charlin de haut rang que le directeur vient de débaucher d'une grande banque locale. C'est lui l'espoir de la BGL à Linemal, lui qui doit ouvrir les portes des meilleurs clients. Le président lui serre chaleureusement la main, un peu surpris de ses deux chevalières en diamants. Mais il se souvient qu'on le paie très cher et, pour une bonne partie, dans un compte à Hong Kong.

Au Regent, le meilleur hôtel de Linemal, les formalités sont réduites aussi au minimum. On emmène sans tarder le président dans sa suite, deux chambres, un salon grand comme la salle du conseil d'administration de Paris où les tables croulent sous les fleurs et les fruits. Très vite, il faut se changer pour aller au dîner que le directeur donne dans sa résidence. C'est une belle villa entourée de terrasses et de jardins avec une grande piscine dans le meilleur quartier résidentiel, quadrillé jour et nuit par la police et des vigiles privés qui se surveillent mutuellement. Le directeur est un peu tendu. Il sait bien que la villa qu'a choisie son épouse est trop luxueuse, trop chère. Son vieux compagnon d'outre-mer, responsable des immeubles de la banque, l'a agréée par amitié pour lui et parce qu'il a fait passer une partie du loyer par « autres frais ». Mais le directeur international arrivé de Hong Kong la veille ne s'est pas privé de ricaner. Pour faire sauter l'obstacle au président, le directeur a eu l'idée d'y organiser le premier soir un dîner de la plus haute tenue où seraient conviées des personnalités dont le rang justifierait le luxe de la résidence. Ce fut l'objet du *deal* final avec Song. Le directeur n'y avait pas été par quatre chemins : si le Ministre des finances venait dîner ce soir-là, la prime d'embauche serait majorée de 30 %. Song avait relevé le défi et amené le ministre. Le directeur le soupçonnait d'avoir partagé avec lui la surprime, mais qu'importait.

Autour du ministre, l'ambassadeur de France, le gouverneur de la Banque centrale, un secrétaire d'État, le président d'une grande banque locale, le représentant d'Airbus, le directeur de Michelin, un ancien ambassadeur des Charlines à Paris et quelques autres personnalités forment un impressionnant tableau. Le président est accueilli chaleureusement. Le dîner est succulent, servi avec raffinement. Plus tard, autour d'un whisky sous la véranda, le ministre fait parler le président de l'économie européenne, du dollar, de la politique française. On se sépare tard. Dans la voiture qui le ramène à l'hôtel avec le directeur international, le président approuve le choix de la demeure : puisque le tout Linemal se rend ainsi chez elle, la BGL doit tenir son rang.

La matinée du lendemain est studieuse : le plan de développement de la succursale est présenté. La montée en régime des encours de crédit, des opérations documentaires, du change, des financements de projets conduira à l'équilibre la troisième année et à un profit acceptable la cinquième. Le président veut qu'on aille plus vite, s'impatiente qu'on n'ait pas présenté un scénario plus volontariste, plus imaginatif. Le directeur s'en défend : les Français ne sont pas si nombreux à Linemal, la BGL est la quatrième banque française à s'installer. Et les grands clients charlins ? Song rassure vite le président. Deux ou trois groupes vont très vite ouvrir des comptes, mais il faut les appâter avec de larges crédits. Certes ce ne sont pas les plus connus et leurs bilans ont été jugés exécrables par le jeune sous-directeur des risques arrivé de Paris. Mais leur fortune privée est considérable et jamais ils ne feront défaut à une banque, Song en répond. Le directeur ne dit rien mais commence à comprendre. Song n'a pu quitter la Banque nationale de Linemal, la première du pays, pour quadrupler son salaire qu'en promettant au vieux Ho, son propriétaire, de ne jamais laisser les Français pénétrer chez ses meilleurs clients. Les deux clients qu'il propose n'ont pas bonne réputation, l'un d'entre eux vient d'être rejeté par la Citibank. Tout cela allait être plus difficile que prévu. « Et nos clients de Bruxelles, de Francfort, de Milan ? » tonne le président. « Ne peut-on les servir à Linemal ? » Le directeur international explique tout de suite que des démarches dans ce sens sont en cours mais les directeurs de ces villes paraissent peu motivés, sauf à proposer des engagements massifs sur les Charlines que le directeur des engagements a plafonnés. « La banque privée, alors ? » continue le visiteur « les Charlines fortunés sont nombreux et ils cherchent avant tout la sécurité. Une démarche en tenailles de Linemal à Hong Kong, avec une ouverture vers notre Genève devrait être tentée. Vous leur proposeriez non seulement des comptes mais aussi nos placements financiers qui sont excellents, comme en témoigne le dernier classement du *Revenu français* ». Le directeur n'ose pas répliquer que le statut encore nationalisé de la BGL n'est pas le mieux adapté au service d'une clientèle aussi bigarrée, mais Song, en grande forme, le devance. Oui, il partage l'avis du président et, précisément, il connaît une petite société financière familiale spécialisée dans la banque privée qui accepterait sûrement de s'associer à la BGL, voire de se vendre à elle. Le nom ne dit rien aux expatriés présents, mais le président leur enjoint de se renseigner rapidement et d'ouvrir une discussion avec les propriétaires. Il suivra l'affaire et, au besoin, reviendra à Linemal pour la conclure. Il faut ajourner la réunion pour aller déjeuner chez l'ambassadeur de France qui a réuni, à son tour, quelques personnalités charlines.

L'après-midi et la matinée du lendemain seront consacrés à des visites de courtoisie au ministre et au gouverneur de la banque centrale rencontrés le premier soir. Le président veut les interroger sur la dette du pays qui inquiète ses économistes, mais aussi placer ses pions pour obtenir une licence plus large permettant de concurrencer vraiment les banques locales et peut-être même d'ouvrir une succursale secondaire dans le pays. Sur ces derniers points, les officiels sont évasifs mais ils brossent à grands traits le tableau de l'économie charline. Le chef de l'État et le congrès viennent d'adopter le nouveau plan de redressement que le FMI acceptera certainement. Dès qu'il sera approuvé, ce qui est attendu incessamment, des financements seront mis en place et le courant des capitaux s'inversera. La République songe à lancer à ce moment-là un grand emprunt d'un milliard de dollars US. La BGL accepterait-elle d'y jouer un rôle viril, peut-être *senior special co-manager*, avec une plaque respectable de 50 millions de dollars US ? Le président sait qu'il ne consentira jamais à une telle augmentation de ses engagements sur les Charlines. Il faut donc biaiser, faire retraite dans la dignité. Les réunions se terminent cordialement, mais le directeur a compris qu'il n'obtiendra pas beaucoup de soutien des autorités locales.

Après une soirée de détente au milieu de jolies jeunes femmes dans l'un des meilleurs restaurants de Linemal, le président aborde son dernier jour. Il doit prononcer une allocution consacrée à la monnaie européenne devant l'association des banques charlines. Peu de chefs de maison sont présents, surtout des deuxièmes couteaux chargés des relations avec les banques européennes. Il s'acquitte quand même de la tâche, lisant dans un anglais un peu fatigué par le voyage le discours que lui a préparé le service des études à Paris, un texte peu adapté à l'auditoire qui ne comprend rien à la technique du système monétaire européen et qui l'a lâché dès le troisième paragraphe. Avec le sans-gène habituel des Chinois en affaire, les tables parlent entre elles, dans un murmure de plus en plus bruyant. Très vite le président abandonne les parités pivots et improvise en conclusion une exaltation gaullienne de l'amitié franco-charline. Il est temps de reprendre l'avion mais le directeur veut lui parler d'une affaire particulière qui le soucie beaucoup. La BGL vient d'ouvrir à Hong Kong une petite filiale de banque d'affaires et de financements spécialisés qu'elle a confiée à un Anglais recruté récemment dans la région. Celui-ci vient à Linemal sans prévenir et démarche tout seul les meilleurs prospects : c'est insupportable pour Song et pour le prestige de la banque. Le président est embarrassé. Il sait bien que ce recrutement, très bien payé, par le directeur international, provoque une fronde des vieux expatriés. Il s'en tire par de vagues promesses de coopération. Mais il connaît la désinvolture arrogante des mercenaires britanniques et sait qu'il en entendra de nouveau parler. Le voyage de retour est moins agréable. Le directeur international assis à ses côtés ne peut s'empêcher de lui demander ses intentions quant au remplacement du directeur général adjoint prochainement à la retraite. Quand l'avion atterrit à Paris, il est 5 h 45 du matin et il tombe une bruine glacée. Le chauffeur lui tend un message : les Nouvelles Fonderies de l'Ouest ont déposé leur bilan hier à 18 h.

Le déclin des comptoirs

Pour la plupart des banques, et surtout des nouvelles venues, ces réseaux se révélèrent assez vite décevants. Peu de *business plans* d'origine tinrent leur promesse. Très vite, il fallut choisir entre un développement soutenu avec des risques élevés ou une gestion très conservatrice mais dont les opérations couvraient tout juste les frais. En réalité il existe dans tous ces pays, les plus comme les moins développés, une part de marché naturelle pour des banques étrangères. Faible en Europe, par exemple en France, elle est plus élevée dans les pays asiatiques où les étrangers apportent aux clients locaux et régionaux un supplément de technicité et de sécurité. Ces parts de marché étaient prises par les vieilles banques coloniales reconverties. C'était une illusion de croire que l'arrivée de dizaines de grands établissements américains, français, allemands, hollandais ou japonais allaient accroître suffisamment cette part de marché pour que tous puissent en vivre, sans prendre des risques très élevés. Car la demande de services bancaires, à la différence de celle d'automobiles ou de logements, est élastique non seulement au prix mais aussi aux conditions imposées. Si les crédits offerts sont jugés par l'emprunteur à tort ou à raison possiblement non remboursables, la demande peut exploser. Dans certaines places, le débarquement en grandes pompes de banques étrangères a été vécu par les résidents comme l'arrivée d'un citadin porteur d'une valise de dollars dans une halte du Far West en 1880. C'est ce qui s'est passé pour les plus naïfs au début de leur implantation et pour tous lors de la prodigieuse expansion asiatique des années 1990-1997. La croissance très rapide des économies et des bourses gonfla le volume du marché bancaire et sans doute la part que les étrangers pouvaient facilement prendre. Mais la révélation de crédits irrécouvrables de toute nature en 1997, par exemple en Thaïlande, en Indonésie, en Corée, provenant de groupes incapables de présenter même une ébauche de comptes consolidés certifiés, montrait bien que les critères d'acceptation des risques s'étaient pendant cette période considérablement distendus. Certaines banques étrangères commencèrent alors de plier bagage, d'autres restreignirent leurs opérations.

Dans la période la plus récente, des difficultés supplémentaires assaillent les comptoirs : les banques locales des pays moins développés présentaient depuis toujours des faiblesses techniques et administratives qui orientaient les multinationales et même les meilleures entreprises du pays vers les banques étrangères pour au moins une partie de leurs opérations. Mais ces maisons apprennent progressivement le métier et envoient leurs meilleurs cadres se former dans de bonnes écoles. À côté d'elles les gouvernements, y compris la Chine, encouragent la création de banques nouvelles qui recrutent des cadres plus experts. La concurrence locale devient plus forte pour les nombreux métiers courants de la banque commerciale, d'autant que les établissements locaux, indissolublement attachés au pays, formeront un jugement moins rigoureux sur les risques locaux et obtiendront de meilleures garanties, parfois occultes, que les meilleurs banquiers étrangers.

L'attitude des législateurs locaux évolue aussi. Longtemps avides de financements en devises sous toutes leurs formes, les banques centrales des pays en développement accueillaient des banques étrangères en leur demandant de faibles immobilisations de fonds propres dans le pays. Pour 10 millions de dollars US de dotation, on pouvait dans les années 1980 s'établir dans presque tous les pays en développement qui décidaient d'ouvrir leur marché bancaire à des étrangers. Aujourd'hui, et notamment depuis la réévaluation de la régulation bancaire qui a suivi la crise asiatique, de nombreux pays envisagent d'exiger des sommes bien plus importantes, dépassant 20 à 25 millions de dollars US de capital minimum. Des comptoirs prudents, attachés d'abord à la qualité de leurs risques, pourront difficilement dégager des profits après impôts qui rentabilisent de telles immobilisations, en incluant la nécessaire prime de risque qu'elles comportent. Simultanément, les régulateurs américains et européens imposeront aux maisons mères pour toutes leurs opérations décentralisées des procédures de contrôle et d'inspection qui coûtent de plus en plus cher. Ainsi le temps des comptoirs, de ces succursales à tout faire, dont les grandes banques de dépôt ont rêvé de couvrir le monde, paraît compté. D'autres types de présence internationale des banques, plus spécialisée dans un métier ou plus intime avec le tissu domestique des pays, vont progressivement prendre le relais. À certains égards, les compagnies d'assurance ont abordé plus tôt que les banques un tel virage.

Les réseaux internationaux de l'assurance

Plus encore que la banque, les débuts de l'assurance furent internationaux. La garantie du risque maritime que les émules de Shylock offraient sur les quais de Venise s'organisa au XVIIe siècle dans un café de Londres qui devint le marché des Lloyd's. Même si son mode traditionnel de fonctionnement, assis sur la fortune de riches particuliers, du propriétaire de moutons écossais à la dernière rock star à la mode, paraît condamné, le marché continue de jouer un rôle majeur. Il se prolonge aujourd'hui dans les nouvelles compagnies des Bermudes, ces îles au large des États-Unis qui ont su en dix ans, par un régime fiscal adéquat, devenir le deuxième marché mondial de la réassurance. Entre les deux places, marquées très fortement par la culture anglo-américaine, s'organise la couverture de près de la moitié des risques qui dépassent les capacités de leur pays d'origine ou qui présentent par leur objet même un fort caractère international, comme le transport maritime ou aérien. Les grandes compagnies de réassurance demeurent allemandes, suisses ou américaines, solidement ancrées dans les marchés nationaux des États-Unis ou d'Europe continentale. Mais elles sont aussi très présentes, les Suisses notamment, dans ces irremplaçables marchés où se forment les volumes, les conditions et surtout les prix des garanties les plus diverses. Comme les banquiers d'investissements arrangent maintenant à Londres pour toute l'Europe les grandes émissions de titres ou les crédits syndiqués de plusieurs milliards de dollars US, en réunissant des banques de tous les pays, les courtiers s'appuient sur Londres et les Bermudes pour organiser la garantie des plus gros risques, par exemple les catastrophes naturelles, ou des plus complexes. Plus discrets, les assureurs n'affichent pas dans la presse ces fameuses pierres tombales, *tombstones*, où apparaissent, selon le rôle qu'elles vont jouer et donc les commissions qu'elles vont encaisser, les banques participant au crédit ou à l'émission de titres. Il n'est pas sûr que le lectorat même blasé des journaux financiers apprécierait qu'on étale avec délectation les transactions conclues pour adoucir la misère des victimes de tremblements de terre ou de typhons tropicaux. Mais les professionnels suivent avec attention les cycles que révèlent les contrats de garantie conclus dans ces places qui ont un rayonnement plus mondial encore que celui de la finance.

Dès l'origine du métier, les assureurs et surtout les réassureurs nationaux ont pu utiliser ces marchés, tantôt pour y couvrir des risques au-delà de leurs capacités propres de rétention, tantôt pour y investir une partie de leurs capitaux dans des acceptations de risques qui équilibraient harmonieusement, selon leurs actuaires, leur portefeuille de garanties, toujours pour connaître la plus récente vérité des tarifs. Ainsi l'attrait de l'implantation à l'étranger fut-il moins fort que dans la banque. Les pays émergents, grands consommateurs de crédits pour leur développement, se sont moins intéressés lors du décollage de leur croissance à l'assurance. Celle-ci a pour fonction de subvenir aux besoins de ceux qui vivent longtemps et de protéger la richesse accumulée. Son besoin naît avec le recul de la mortalité et l'enrichissement des populations et vient donc à un stade ultérieur du développement. C'est pourquoi ni la Grande-Bretagne ni la France n'ont créé de compagnie d'assurance coloniale comme elles ont créé des banques pour financer le développement de leurs possessions d'outre-mer. En outre, dans les pays d'Islam strict, comme dans les pays catholiques avant le XVIIe siècle, l'assurance vie est jugée impie parce qu'elle interfère avec les choix de Dieu sur la durée de la vie humaine.

Très tôt cependant une grande compagnie d'assurance américaine a décidé, comme l'avait fait la Citibank, d'investir le monde entier et tout particulièrement les pays émergents afin d'être présente dans ces pays aux tout débuts du métier. AIG, *American international Group*, fondé à Shanghai en 1920 par des Américains et dirigée depuis trente ans par la forte personnalité de Maurice Greenberg, s'implanta très tôt en Asie, au Moyen-Orient, en Amérique latine, en Afrique. S'appuyant ouvertement sur la puissance économique et politique américaine, AIG sut comme aucun autre combiner une volonté farouche d'expansion rapide et une gestion prudente de ses risques afin d'atteindre et de conserver une rentabilité élevée. Elle y réussit notamment en privilégiant partout l'assurance vie et la collecte de l'épargne plutôt que l'assurance dommage et en détachant sur place des équipes de professionnels américains chargés de conduire d'une main ferme le développement des affaires. Les compagnies européennes développèrent aussi assez tôt une certaine présence internationale. Mais elles ouvrirent peu de succursales, tant cette forme de distribution leur était peu familière. En revanche, elles prirent des participations dans des compagnies européennes et dans celles de jeunes pays, aux États-Unis et en Amérique latine. Elles eurent recours aussi, notamment dans les pays moins développés, à leur mode favori de délégation, l'agent de souscriptions. Au Moyen-Orient, en Afrique, en Asie plus rarement, les grandes compagnies françaises mandataient des agents auxquels pour des montants limités et des catégories de risques bien déterminés elles déléguaient le pouvoir de souscrire en leur nom des garanties. Les agents étaient originaires de la région, ou du moins s'y étaient-ils installés depuis longtemps, mais beaucoup étaient des commerçants ou des hommes d'affaires étrangers aux disciplines de l'assurance. Les résultats furent rarement bénéfiques sauf si la compagnie implantait, comme elle le fit parfois, des échelons de contrôle rapproché, coûteux mais utiles pour le suivi des affaires.

Un autre mode de développement, que les assureurs affectionnaient parce qu'il leur était familier, consistait à acheter aux courtiers des acceptations, c'est-à-dire des parts de risques dans des coassurances souscrites par des compagnies locales, parfois dans des pays fermés aux étrangers. De grandes maisons de courtage offraient ainsi en permanence aux grandes compagnies européennes de couvrir des risques industriels américains, des couvertures maladie en Arabie saoudite ou des risques d'accidents en Thaïlande. On se reposait sur le courtier du soin de sélectionner et de gérer ces positions. Les meilleurs courtiers avaient à cœur de combiner bons et mauvais risques dans les portefeuilles d'acceptations qu'ils constituaient pour les compagnies. D'une manière générale, les investissements dans ces acceptations à l'étranger ne furent pas rentables pour les sociétés d'assurances européennes. Pour certaines d'entre elles, au Proche-Orient par exemple, elles furent même désastreuses. Aussi bien ce marché tend-il à se réduire aux assureurs qui se donnent les moyens de mieux connaître, comprendre et contrôler les risques pour lesquels ils engagent leurs capitaux.

C'est à la fin des années 1980, peu de temps après les banques, que l'assurance européenne est saisie à son tour du vertige de l'expansion internationale. En France, les trois grandes nationales, UAP, AGF et GAN, sont pour une fois précédées par le groupe Victoire rapidement suivi par la jeune Axa. En Allemagne, Allianz s'ébranle plus lentement mais ne cache pas ses ambitions. Aux Pays-Bas, Aegon puis la jeune ING, en Belgique Fortis, en Italie un peu derrière les autres, Generali : de 1980 à nos jours toutes vont conduire une expansion internationale effrénée, se fixant comme les AGF en 1990 des objectifs dangereux mais motivants : « Dans les dix ans, la moitié de notre chiffre d'affaires hors de France. » Cette course à l'étranger présente cependant des caractères très différents de ceux des banques à la même époque. Réticentes à l'égard des succursales, désillusionnées par les agents de souscription, les compagnies sont aussi plus riches et moins régulées que les établissements de crédit. Elles vont d'emblée tenter d'acquérir le contrôle de grandes maisons, principalement en Europe et aux États-Unis, puis plus récemment au Japon, en Corée, en Amérique latine. En 1989, l'acquisition de Colonia Nordstern, troisième compagnie allemande, par le groupe Victoire dirigé par Jean Arvis, sonne comme un coup de tonnerre. L'UAP va alors prendre le contrôle de la Royale belge puis en 1992 de Sun Life en Grande-Bretagne. Le GAN, moins heureux, se développe en Grande-Bretagne et en Italie. En 1993, les AGF parviennent avec difficulté à arracher 35 % de la deuxième compagnie allemande, AMB. Mais l'opération la plus spectaculaire après celles de Victoire vient aussi du secteur privé. Claude Bébéar, après une longue quête aux États-Unis, prend en 1992 le contrôle d'Équitable Life, une grande mutuelle en difficulté qu'il va rapidement redresser. Allianz à la même époque acquiert la Riunione adriatica di Sicurtà (RAS), première compagnie de dommage italienne, Cornhill en Grande-Bretagne, puis Fireman Fund en Amérique. Les hollandais Aegon et ING vont faire aussi aux États-Unis des acquisitions majeures. En quinze ans, le paysage de l'assurance s'est profondément modifié, quelques grands groupes ayant vraiment, comme on l'a vu, des parts de marché non dominantes mais significatives à l'échelle de l'Europe et même, en ajoutant les États-Unis, le Japon, la Corée et l'Australie, à celle du monde développé de l'OCDE.

Les nouveaux chemins de l'expansion internationale

Les avancées considérables des assureurs dans la multinationalisation de leurs opérations et de leurs groupes montrent aux banques l'un des chemins possibles de la croissance hors de leurs bases domestiques.

Les comptoirs, ces succursales à tout faire, ouvertes en masse dans les années 1970-1980, sont aujourd'hui condamnés sauf peut-être dans les pays les moins développés, où leur valeur ajoutée ancienne demeure précieuse. Pour y réussir il faut des spécialistes comme les vieilles banques coloniales savaient en recruter et en former. Peut-être trouveront-elles là encore pour quelques longues années une activité rentable au moins à travers une filiale spécialisée.

Ailleurs, les banques devront choisir pour créer une vraie valeur dans leurs réseaux internationaux de deux voies l'une. Lorsque l'une d'entre elles détient dans une ligne de métiers un savoir-faire et une part de marché qui en font l'un des vrais acteurs, elle peut et doit pour atteindre l'optimum porter ces compétences hors de son marché d'origine. Si elle a dans le métier une des meilleures expertises et si elle dispose d'assez de muscle financier pour prendre des risques de développement, elle peut prétendre jouer dans le peloton de tête d'une région, voire du monde entier. C'est ce qu'ont fini par faire les grandes banques d'investissement américaines qui, dans les opérations de marché de capitaux, ont investi non seulement l'Europe mais le monde entier, présentes aussi bien à Shanghai qu'à Moscou ou Sao Paulo. C'est bien sûr la stratégie séculaire des banques suisses dans la gestion de la fortune privée, rejointes par quelques autres telles que la Republic National Bank d'Edmond Safra et aujourd'hui d'HSBC qui la lui a achetée, ou encore la Citibank qui offre à ses clients un service de caisse automatique mondiale. Dans les opérations de marché les plus complexes, par exemple le montage et l'offre à la clientèle de produits dérivés sur actions, tels que les options d'achat, de vente, d'échange à court, moyen et long terme, un petit nombre de maisons où figure la Société Générale domine le marché mondial. À l'échelle de l'Euroland, des banques hypothécaires, comme HVB de Munich ou des sociétés de crédit aux collectivités locales comme Dexia, même si les unes et les autres s'y heurtent à des banques commerciales non spécialisées, peuvent bâtir une vraie part de marché transnationale. Le secret de ces maisons spécialistes est d'attirer à elles les meilleurs professionnels parce que ceux-ci savent que, s'ils apportent beaucoup à leur maison, celle-ci les valorise à son tour. Forte des équipes les plus expertes et les plus motivées, elles gagnent les meilleures affaires, enclenchant ainsi le cercle vertueux du succès.

L'autre chemin, défriché par les assureurs, conduit à l'acquisition de grands établissements domestiques dans un autre pays. Peu de banques au total ont encore avancé dans cette direction où se dressent pour elles plus d'obstacles que pour les compagnies d'assurance. L'exemple le plus spectaculaire est fourni par les deux grandes banques espagnoles, Banco de Santander et BBVA qui en dix ans ont conquis la première et deuxième places sur le marché bancaire d'Amérique latine, du Mexique à l'Argentine. Très riches grâce à des portefeuilles de participations très supérieurs à leurs besoins de capital, peu concurrencées sur leur marché domestique par des mutualistes inexistants et de grandes caisses d'épargne complices, dirigées par des entrepreneurs de fer issus des grandes familles fondatrices, très soutenues par leur gouvernement, elles ont saisi une opportunité exceptionnelle. Alors que les banques du monde entier se détournaient de ce continent après les crises de 1982, les Espagnols qui avaient peu prêté à l'époque et donc peu souffert, investirent discrètement ces marchés bancaires puis se portèrent acquéreurs des plus belles banques. Elles surent évidemment jouer des affinités culturelles et linguistiques auprès de gens que les *Gringos* une fois de plus avaient déçus. Les deux maisons espagnoles ont-elles pris là des risques excessifs au regard de leur poids relatif eu Europe ? C'est bien possible et il n'est donc pas étonnant qu'elles recherchent aujourd'hui de fortes acquisitions européennes pour équilibrer leurs portefeuilles d'activités et de risques. Mais l'Italie, la France et l'Allemagne, auxquelles elles songent, seront plus difficiles à convaincre que les cousins *latinos*. Au Mexique même, la Citibank a réagi récemment par l'acquisition de Banco nacional de México, une des plus grandes banques du pays. En Europe, la Hong Kong & Shanghai Banking Corp., HSBC, outre ses acquisitions dans la fortune privée, a acquis le CCF, l'une des plus belles banques françaises, et paraît aux aguets de toute aubaine possible sur le continent. La Société générale a engagé en Europe centrale et orientale une politique d'acquisitions systématiques de grandes banques qui l'a conduite en Roumanie puis en Tchéquie, où elle a pris en 2001 le contrôle de Komercni Banka, la première banque locale. La BNP, dans le même esprit, a racheté les actionnaires minoritaires de Banc West, puis récemment la United Bank of California, ce qui fait d'elle une des grandes banques de Californie. D'autres suivront, y compris par des mariages « d'égaux ou à peu près » comme on en voit dans toutes les industries et le mieux pour les banques est de s'y préparer par des coopérations progressives avec des partenaires bien choisis dans les pays voisins. Mais les résistances sont fortes, dans les établissements comme chez les régulateurs, tant la banque est porteuse des symboles du pouvoir de l'argent.

Pour vaincre ces résistances et surtout pour réussir dans l'une ou l'autre des voies ici dessinées, les entreprises devront se préparer à d'assez profondes révolutions culturelles. Il s'agit pour elles de devenir authentiquement multinationales, même si leurs racines et leur culture dominante demeurent celles d'un pays. La banque de comptoirs, naguère, demeurait profondément nationale, hormis le mercenaire anglais de service et les cadres locaux toujours ambivalents. Le pouvoir était exercé par des Français, rapportant à des Français, dans la langue française. Il en allait de même bien sûr dans la banque allemande, italienne ou américaine. Mais une grande banque n'attirera à elle les stars d'un métier ou ne convaincra un grand établissement d'un pays voisin de se joindre à elle que si elle s'injecte une forte dose de multinationalisme. C'est bien ce que font aujourd'hui non sans douleur les banques suisses et la Deutsche Bank. Il faudra, comme celle-ci le fait à Francfort, comme Axa a commencé de le faire entre New York et Paris, mais aussi comme le Crédit lyonnais le faisait en 1900 lorsque l'administrateur délégué à l'étranger était un Anglais, que les états-majors et les conseils d'administration soient plurinationaux et que l'anglais universel des affaires côtoie souvent le français dans les documents. Une telle évolution est contradictoire avec le statut des établissements mutualistes ou publics dont la raison d'être est centrée sur des intérêts locaux et dont la gouvernance se rapporte à ces intérêts locaux. À bien des égards, si elles sont fidèles à leurs missions d'origine et à leurs statuts, ces organisations peuvent former un utile contrepoids à celles qui doivent devenir plus multinationales pour conquérir le monde de demain. Ainsi joueront-elles, comme elles l'ont fait depuis l'origine, un rôle bénéfique non par l'imitation mais par la différence.

CHAPITRE 9

Que cent fleurs jaillissent

Comme tous les métiers, la finance a ses lois et le succès y obéit à des recettes qui lui sont propres. Dans la sidérurgie, dans le pétrole, les choix d'investissement pèsent lourd dans la vie de l'entreprise qu'elle soit publique ou privée. Dans la banque, dans les métiers de la bourse, dans l'assurance, les options stratégiques sont capitales mais leur réussite dépendra pour beaucoup de la qualité de l'exécution. Et celle-ci de la compétence, de la cohésion et de la motivation des hommes et des femmes qui en ont la mission. Équipées du même produit, un plan d'épargne logement, un contrat d'assurance vie, un fonds de valeurs mobilières, une banque classique et une mutuelle régionale ne gagneront pas dans une région donnée les mêmes parts de marché. Dotées du même budget, deux salles de marché parisiennes n'auront pas la même performance ni la même pénétration dans la clientèle. Parfois une star fait le succès d'une équipe mais il risque alors d'être éphémère. Celles qui réussiront le mieux dans le temps sont les maisons dont le dynamisme et la qualité procèdent d'un accord profond entre le statut de l'entreprise, le profil de ses équipes et la stratégie choisie.

La clé de cet accord, c'est la gouvernance. Qui commande en dernier ressort et pour quels objectifs ? Y a-t-il bien consensus éclairé et actif sur la stratégie choisie entre ceux qui décident *in fine* – les politiques, les actionnaires, les mutualistes – les dirigeants qu'ils ont choisis ou qu'ils soutiennent pour conduire l'entreprise et les troupes que ceux-ci ont recrutées pour la développer sur le terrain ? Les systèmes de motivation et d'abord la paie sont-ils bien organisés, au su de tous, pour le succès de la stratégie choisie ? Il y a eu au fil des dernières années de tels consensus derrière les succès de belles entreprises de la finance française ! Certaines étaient la propriété d'actionnaires privés, comme Axa conquérant le monde ou la Société générale défendant deux fois avec acharnement son indépendance, d'autres des mutualistes comme le Crédit agricole et le Crédit mutuel étendant leurs toiles dans les régions, d'autres enfin de l'État, comme la Caisse nationale de prévoyance renforçant sa place de premier assureur vie au travers des services financiers de la Poste.

Engager une stratégie qui n'est plus appuyée sur le même consensus expose l'entreprise à des risques considérables. Les équipes dirigeantes, leur profil, leur mode de rémunération seront décalés par rapport aux nouveaux métiers et aux nouveaux risques assumés, ce qui affaiblira leur capacité de recrutement et donc leur compétitivité. Certes, les institutions qui se lancent dans de telles mutations sont souvent riches. Aussi pourront-elles masquer quelque temps leur faiblesse. Par bon vent, leur performance, sera honorable et l'ambiguïté de leur discours à l'égard de la base, sociétaires, actionnaires ou politiques, sera jugée d'autant plus habile qu'il sera peu écouté. C'est avec les crises que viendra l'heure de vérité, la révélation de pertes, l'aveu de risques mal expliqués et donc mal compris par les responsables ultimes. Or il n'y a pas de traversée sans tempête, surtout pour les entreprises qui veulent naviguer loin. Les grandes maisons mutualistes et celles du secteur public qui veulent partir à la conquête du monde, de la banque d'investissement et de la finance de marché, seraient mieux inspirées de le dire clairement et de choisir les voies d'une vraie privatisation ou d'une vraie démutualisation, quitte à scinder en deux leurs groupes.

À ce prix, elles pourront conclure un pacte attrayant avec les hommes qu'elles doivent attirer pour réussir leurs stratégies. La qualité humaine d'une entreprise financière est en fin de compte le facteur qui fera la différence. Les gagnantes sont celles qui ont su recruter, conserver, former et motiver des hommes et des femmes bien adaptés à leur mission et qui donneront le meilleur d'eux-mêmes. Dans une banque de dépôt ou dans une compagnie d'assurance généraliste, tournées l'une et l'autre vers la clientèle de masse, une discipline intransigeante doit se combiner avec un zèle commercial sans cesse renouvelé. La compétence et la cohésion de l'encadrement, nombreux au siège et sur le terrain, sont ici essentielles. Les chefs nationaux et régionaux doivent inspirer et maintenir avec fermeté ces traits chez leurs collaborateurs qui dirigent eux-mêmes des hommes de terrain, et d'abord les vendeurs, sources des affaires. Ils ont recours à la panoplie sans cesse plus fournie de l'animation des réseaux : commissions de ventes, finement structurées pour éviter les déviations, concours, récompenses, voyages... Mais certains hommes développent un charisme particulier qui en fait des entraîneurs de réseaux plus performants que d'autres. Ceux-là vont de préférence dans des groupes qui reconnaissent et honorent leur savoir-faire et où ils seront sous l'autorité d'autres chefs naturels de réseaux. Ainsi se bâtit une excellence commerciale qui se renforce avec le temps et creuse l'écart avec les autres.

Il en va différemment dans les salles de marché ou les banques d'investissement. Une certaine discipline y est nécessaire, plus qu'ailleurs compte tenu des masses financières en cause, dans le respect de certaines règles dont la première est la transparence absolue. L'ardeur commerciale doit s'y combiner avec une capacité d'analyse et d'imagination dont tous, même les plus jeunes, peuvent faire bénéficier l'équipe. Ainsi les patrons doivent-ils être attentifs à la rigueur mais aussi, sans cesse, à la variété des talents qu'il faut faire fructifier dans l'intérêt de tous. Lorsqu'on fréquente quelque temps comme client, à l'occasion d'une transaction, une grande banque d'investissement américaine, on est frappé de voir tant de talents déployés, tant d'efforts consentis sans qu'apparaisse jamais le maître du ballet. Avec le temps le mode d'être même de l'entreprise et bien sûr son système de rémunération, très généreux avec les plus efficaces, incitent chacun à la fois à se dépasser et à faire gagner l'équipe. Mais comme au music-hall, une telle tension est fragile : deux ou trois échecs, le départ d'une star chez la concurrence, un changement de cap stratégique mal compris, peuvent casser brutalement le mécanisme dans l'un des métiers de la banque qu'il faudra alors réparer.

Les Français ont souvent témoigné de qualités marquées pour ces divers métiers de la finance. Le génie des dirigeants du Crédit agricole et du Crédit mutuel est d'avoir impulsé cette dynamique de réseau à partir des régions tout en les faisant bénéficier, au moins pour le Crédit agricole, de puissants supports nationaux tels que la conception de produits et la publicité. Certains responsables de compagnies d'assurances, et au premier chef le fondateur d'Axa, ont insufflé une loyauté et un dynamisme d'entreprise qui ont beaucoup compté dans les succès de la compagnie.

Dans les activités de marché et d'investissement, nos compatriotes sont à la fois avantagés et handicapés par cette inclination à l'abstraction qui préside à la sélection des élites universitaires. Les opérations de marché les plus traditionnelles, le change, la trésorerie et surtout le négoce de titres, actions obligations, papiers courts, requièrent des qualités d'instinct, de rapidité, de flair qui ne sont pas à l'honneur dans nos grandes écoles, mais guère non plus dans les universités prestigieuses où se recrutaient les *merchant bankers* anglais. Si elles se sont tant développées à Londres, c'est que les banques et les maisons de bourse ont toujours recruté et formé des garçons et des filles issus de filières plus modestes dont elles repèrent les dons pour ces métiers. Les uns et les autres, tout en se méprisant mutuellement, ce qui n'a pas été étranger à la catastrophe de Barings, savent reconnaître leur complémentarité et travaillent finalement assez efficacement ensemble. En revanche, les *traders* des salles de marché américaines sont souvent issus de bonnes *business schools* qui recrutent leurs étudiants selon des critères sans doute moins traditionnellement académiques que les Européens. Ils prennent goût au rythme effréné de ces négoces et leur appliquent d'autant plus leur capacité d'analyse et de travail que le bonus de succès peut être élevé. De nombreux Français se sont appliqués au *trading* depuis les réformes de 1984-1985 et figurent en bonne place dans les salles de marché. Si les jeunes cadres issus des meilleures écoles ont une certaine réticence à plonger dans l'étonnante fraternité des salles, ils se sont en revanche très tôt intéressés aux produits plus complexes qu'ils conceptualisent pour les plus littéraires et modélisent pour ceux de plus en plus nombreux de culture mathématique. L'étonnante avancée des maisons françaises dans les débuts des marchés à terme ou optionnels tenait largement à ces facteurs culturels. Certes, l'audace de Pierre Bérégovoy et Jean-Charles Naouri posant les fondations du Matif avant les autres pays du continent a entraîné la place. Mais il était singulier de voir à l'époque la curiosité technique et l'enthousiasme pour ces nouveaux produits se lever dans des équipes qui n'avaient que des parts de marché négligeables dans les grands *tradings* de base, change et trésorerie. Cette percée n'a pas été perdue et les banques françaises figurent dans le peloton de tête des transactions de produits dérivés et notamment les plus complexes d'entre eux. En revanche, le marché parisien, parti si tôt, n'a pas pu tenir sa place. Les incompréhensions de ses membres et de ses managers creusées par une certaine suffisance des financiers et plus encore des informaticiens l'ont empêché de faire les alliances nécessaires à une vraie croissance. Aujourd'hui, sous la conduite de Jean-François Théodore, la Société de Bourse française rattrape avec habileté et ténacité l'occasion perdue en créant pour les titres le premier marché organisé européen, Euronext, puis en prenant le contrôle du grand marché de *futures* de Londres, le Liffe.

Les faiblesses de la finance française et la surcrise de 1990-1993 sont souvent mises au débit d'une pratique coupable, le parachutage à la tête des entreprises de fonctionnaires issus de l'administration des finances, et au premier chef d'Inspecteurs des finances. Par leur incompétence et leur arrogance ceux-ci, dans le meilleur des cas, auraient manqué d'immenses opportunités stratégiques, au pire conduit à la ruine les établissements qu'on leur avait confiés. Il en aurait été autrement, selon ce réquisitoire, si les dirigeants avaient été sélectionnés parmi ceux des cadres de l'entreprise qui, sur le terrain, auraient démontré leur capacité de faire et se seraient acquis le respect de leurs pairs, gage d'une forte autorité morale. Avant d'instruire le procès il faut tout de même observer que les entreprises financières françaises étaient jusqu'à mi-chemin des années 1980 pour la plupart propriété de l'État et pour toutes sous une tutelle administrative étroite de leurs activités. Il n'est donc pas étonnant que les gouvernements aient nommé aux postes de direction des hommes qui leur étaient familiers et qui avaient en outre opté pour des carrières financières à l'issue de concours jugés alors compétitifs. De manière plus surprenante, les banques privées recrutaient aussi très souvent leurs dirigeants dans le cercle des fonctionnaires des finances. Fut-ce un handicap majeur ? Même en bornant l'examen à ceux qui ont quitté aujourd'hui les affaires et qui en principe ne réservent plus de surprise, bonne ou mauvaise, il n'est pas facile de faire le palmarès des financiers français de ces quarante dernières années.

Pourtant, deux fortes personnalités surgissent, incontestables par la dimension de ce qu'elles ont créé et qui auront changé pour longtemps le paysage financier. Jacques Mayoux, le plus ancien, a deux fois de suite ébranlé par son action la profession bancaire. De 1963 à 1974, il a lancé le Crédit Agricole dans la conquête. Fort d'une vision que bien peu partageaient à l'époque, il a fait accepter par l'institution trois orientations majeures : une stratégie de banque des ménages hors de l'agriculture, une tactique d'ouverture systématique sur tout le territoire d'agences à la même enseigne, une organisation financière centralisée garantissant la sécurité et la péréquation des réserves. Parfaitement accordé au statut mutualiste des caisses, le message fut reçu par des hommes qui le comprirent très vite et le mirent en œuvre, comme on sait. Quinze ans plus tard, laissé de nouveau sans emploi par le gouvernement, il se rallie à l'une des plus prestigieuses banques d'investissement américaine et la mène en cinq ans au premier rang du métier en France, tant dans le conseil en entreprises que l'émission de titres sur le marché.

Claude Bébéar aura aussi profondément marqué son temps en créant à partir de peu de choses un des tout premiers groupes mondiaux d'assurances et de services financiers. Dirigeant d'une petite mutuelle normande, il la lancera dans des acquisitions audacieuses et de plus en plus grandes, pour finir avec l'UAP, premier assureur français et l'un des premiers européens. Pour créer Axa, Claude Bébéar déploya d'abord un exceptionnel talent de prédateur, calculant ses risques et sachant comme personne jouer tour à tour de la séduction, de la menace et du poignard. De tous les financiers français, il est le seul qui partit aussitôt acquérir de grandes filiales aux États-Unis, en Australie, au Japon. Conquérant d'abord, il sut aussi par le choix et la motivation de ses collaborateurs développer jusqu'à un seuil d'excellence les pratiques de l'assurance traditionnelle sans jamais se diversifier hors de celle-ci, ce qui lui épargna dans les années 1990 beaucoup de déboires. Pour atteindre ses objectifs, Claude Bébéar démutualisa son groupe où les mutuelles d'origine n'ont plus que 15 % du capital. Il est devenu tributaire d'actionnaires qu'il a recrutés dans le monde entier et avec lesquels il s'est attaché à communiquer avec beaucoup d'attention.

Différents l'un de l'autre par leurs talents dominants, ces deux hommes ont aussi des traits communs comme avec d'autres capitaines d'industrie et d'abord un exceptionnel égocentrisme qui exclut en pratique le partage du pouvoir. Mais ils ont formidablement enrichi l'un et l'autre le paysage français et européen des professions financières. Or rien ne fut plus opposé que leurs débuts respectifs dans la vie des affaires. Inspecteur des finances mais complètement étranger à la banque, Jacques Mayoux venait à trente-huit ans de jouer un rôle déterminant dans la conception de la politique agricole européenne. C'est pour le remercier que le ministre de l'Agriculture de l'époque obtint sa nomination à la tête de la Caisse nationale du Crédit agricole. Claude Bébéar, quant à lui, dès sa sortie de l'École polytechnique, choisit d'entrer comme attaché de direction dans une mutuelle provinciale d'assurance dont il gravira rapidement les échelons pour en devenir, à quarante ans, le patron. C'est de là qu'il engage les fusions qui ont fait Axa.

Si deux noms émergent de cette période, d'autres assurément mériteraient de figurer au tableau d'honneur des professions financières. Si l'on fait une place à part pour Théo Braun dont le legs est considérable mais qui fut plus un politique qu'un gestionnaire, il faut mentionner Jacques de Fouchier, Jack Francès, entrepreneurs créateurs eux aussi, au début de la période. Maurice Lauré puis Marc Viénot, tous les deux pour la sagesse de leur gestion, mais aussi le premier pour son imagination technique, le second pour le combat exemplaire qu'il a mené contre une attaque dont le succès aurait entraîné la Société générale dans le sillage mortel des pratiques du Crédit lyonnais d'alors. Dans l'assurance, Jacques Vandier, quittant le corps des commissaires contrôleurs des assurances pour créer puis animer la Macif, a montré le chemin que pouvait accomplir une mutuelle demeurée fidèle à son statut et ses ambitions d'origine.

Si l'on arrête ici la liste, ce qui est bien sûr arbitraire, à l'exception de Claude Bébéar, tous ces noms sont ceux d'hommes issus de l'Administration et pour la plupart de l'Inspection des finances. Deux d'entre eux, les plus anciens, Jacques de Fouchier et Jack Francès constituèrent des groupes dont ils furent dès l'origine patrons. Les autres, ayant exercé des fonctions importantes dans l'administration des finances, apprirent le métier de chef d'entreprise pendant d'assez longues années auprès des présidents en place. La thèse de l'inspection des finances fléau de la finance française peut donc être combattue par de solides témoignages à décharge. Pourtant la charge peut être aussi solidement étayée. Le Crédit lyonnais de

Jean-Yves Haberer et le GAN de François Heilbronner, l'un et l'autre issus du corps de l'Inspection, ont constitué les deux plus grands sinistres de la crise française de 1991 à 1995. Il est clair que les options stratégiques – choix d'investissements et de crédits dans la banque, politique tarifaire en assurance – et les nominations des collaborateurs les plus importants ont été arrêtés, en toute bonne foi et en toute intégrité, par les présidents. Peut-être comme l'un et l'autre le soutiennent, d'autres conjonctures auraient validé ces choix, du moins les risques en ont-ils été mal calculés. Ainsi l'ange et la bête se rejoignent-ils dans ce corps qu'on peut créditer des plus belles réussites comme des échecs les plus coûteux.

S'il faut tirer des leçons de cette comparution, c'est bien d'abord qu'il est opportun de diversifier les origines des chefs d'entreprises financières et donc, ce qui est en route, de restreindre la place des cadres issus de l'administration des finances qui était devenue démesurée. Il faut surtout choisir avec soin les dirigeants d'une entreprise surtout si elle sert des millions de clients avec des milliers d'employés. Il est anormal que cette sélection soit laissée à un seul homme, politique ou président sortant, comme ce fut longtemps le cas. Le premier tranchera rarement selon des critères pertinents pour l'entreprise, il récompensera les services rendus et rémunérera le clan voire le réseau, selon la thèse d'Alain Cotta. Ainsi sera-t-il tenté de nommer des hommes de pouvoir et du pouvoir, ceux qu'il a distingués à ses côtés pendant parfois de longues années. Jean-Yves Haberer a fasciné plusieurs générations de jeunes fonctionnaires par une science des cheminements dans les allées du pouvoir où il était imbattable. Homme de haute culture littéraire, politique et économique, il aurait fait un grand banquier central et, comme il a commencé de le faire, écrit de bons livres. Mal orienté, il a géré le Crédit lyonnais pour le pouvoir et non pour la création de valeur si bien qu'il n'a pas pu empêcher la catastrophe. Le président sortant, s'il n'est pas pris dans les mêmes filets que le politique, sera aussi tenté de récompenser les longues fidélités et les affinités intellectuelles avec son propre système de pensée. Sa connaissance de l'entreprise est réelle mais elle est inéluctablement biaisée dans son appréciation des talents nécessaires à l'entreprise de demain. Le gouvernement d'entreprise contemporain exige des conseils d'administration qu'ils se fassent éclairer, dans leur sélection, par un comité de nomination composé d'administrateurs indépendants du président sortant et qui puisse, s'il le souhaite, s'entourer de conseils extérieurs. Le secteur public serait assurément bien venu de faire de même en créant dans les conseils des entreprises publiques de tels comités dont les avis ne lieraient peut-être pas l'État, actionnaire de contrôle, mais pourraient être publiés. Toutes ces précautions prises n'assurent absolument pas contre l'échec. Elles ne doivent pas empêcher non plus les miraculeuses surprises de la vie, telle un jeune Bill Gates qui créera avant même de finir ses études l'entreprise qui deviendra un jour la première de son métier.

Dans ma génération, peu d'hommes créaient des entreprises et moins encore dans la finance qu'ailleurs. Ceux qui se voyaient du talent et de l'énergie pour réussir dans ces métiers se portaient candidats à un emploi dans les maisons illustres de la place. Beaucoup y faisaient toute leur carrière, certains traversaient la rue pour en rejoindre une autre.

Demain il doit en être autrement. Les mutations technologiques et l'évolution même des métiers vont créer des conditions favorables à l'essor de firmes nouvelles, soit créées *de novo* soit développées à partir d'unités existantes. La lourdeur des grands groupes accaparés par de douloureuses fusions ou de nécessaires réorganisations destinées à propulser la productivité incitera de bons cadres à rechercher de plus petites unités de travail et de bons clients à les suivre. Les métiers candidats à cette germination sont plus nombreux qu'hier. Le conseil spécialisé aux entreprises pour les fusions-acquisitions et les restructurations a souvent donné lieu à la création de boutiques constituées à l'origine d'une ou deux personnalités qui s'étaient distinguées au préalable dans de grandes banques d'investissement. Ainsi s'est crée en 1988 à New York Wasserstein-Perella dont les fondateurs avaient fait les belles heures du Crédit suisse first Boston. La nouvelle firme gagna vite de nombreux mandats et conduisit avec succès des opérations spectaculaires telles que la fameuse bataille de RJR Nabisco. Fort de ce qu'il présenta sans doute comme un fonds de clientèle stable, Bruce Wasserstein la vendit en 2000 à Dresdner Kleinwort Benson à la recherche d'un pilier américain. En 2001, il les quitta pour devenir *shogun* chez Lazard où le solliciteront tous ceux que la bannière Wasserstein rassure à la veille d'OPA difficile. Au cours des dix dernières années, les transfuges des banques d'investissement américaines choisirent plus souvent des activités d'investissement. Ayant gagné la confiance de leurs clients fortunés ils collectèrent auprès d'eux de solides capitaux, jusqu'à 1 milliard de dollars US, constitués en des fonds qu'ils investirent pour leur compte. Les fonds plaçaient à leur tour ces capitaux dans des activités de marché, de toute nature comme le firent les *hedge funds*, tel le fameux LTCM constitué par des anciens de Salomon Brothers avec une mise initiale de fonds propres de 1,25 milliard de dollars US qui s'éleva vite à 3,5 milliards de dollars US. D'autres les transformèrent en participations industrielles, en rachats de sociétés non cotées, introduites par la suite en bourse, comme le fit avec succès Balckstone, créé par un banquier d'affaires et un ancien secrétaire au Trésor à Washington. D'autres encore se spécialisèrent dans le rachat et la gestion de créances dépréciées ou d'ensembles immobiliers à problèmes. Ces hommes, parmi les plus brillants associés des grandes maisons de Wall Street, décidaient ainsi de concentrer leurs talents et leurs efforts sur une activité bien précise, enrichir un nombre assez restreint d'investisseurs, en sélectionnant et gérant pour eux des placements hors normes. Plus complexes, plus risqués, parfois moins liquides que les titres et les fonds offerts au grand public, ces investissements ne peuvent être profitables que s'ils sont étudiés, sélectionnés puis gérés avec une inlassable minutie financière et juridique. À ce prix certains d'entre eux se révèlent extrêmement profitables comme peuvent l'être par exemple les titres d'une société en faillite, réorientée, restructurée et remise en bourse quelques années plus tard au plus haut du cycle. Ainsi les plus riches qui souhaitent le demeurer suscitent-ils toujours l'initiative de financiers entreprenants.

Au début des années 1980, Jean Peyrelevade et moi reçûmes un jour à Indosuez Marcel Dassault et lui proposâmes, sans succès, d'établir entre nous une relation bancaire. Pour nous consoler, le plus grand industriel français alors vivant nous chuchota avec un merveilleux sourire qu'il était quand même toujours prêt à recevoir de bons tuyaux de bourse. Les tuyaux s'appellent aujourd'hui des informations privilégiées qu'il est interdit de véhiculer et d'utiliser. À défaut de recueillir des indiscrétions, les gérants de fortune doivent par leur recherche et leur savoir-faire, offrir à leurs clients des opportunités plus intéressantes. S'ils sont performants, ils pourront prélever une bonne fraction de la richesse ainsi créée et faire fructifier leurs propres capitaux comme ceux de leurs clients. Cette activité autonome d'investissement est beaucoup moins développée en Europe. Il n'y a pas de vrais *hedge funds* européens. En revanche, l'activité de placement privé en fonds propres, *private equity* et *leverage buy-out (LBO)*, a connu un nouvel essor récemment, surtout à l'abri de maisons établies. En France, quelques entreprises nouvelles sont apparues à l'initiative d'hommes, tel Gilles Cahen-Salvador, qui ont quitté de grands groupes pour tenter leurs chances à compte propre et qui y ont réussi. Les activités de gestion, même plus classiques, offrent de larges champs à l'artisanat de talent. Qu'il s'agisse de gérer un petit nombre de fonds ou à l'opposé de conseiller et d'accompagner le client dans le choix de ses véhicules d'investissement, de petites équipes expérimentées peuvent apporter à la clientèle un service personnalisé et imaginatif qu'il est difficile de trouver dans une grande maison. D'autres facettes des métiers financiers, exercés aujourd'hui au sein des divisions des grandes banques ou compagnies d'assurance, pourraient être mises en concurrence par des indépendants qui y appliqueraient les techniques et les savoir-faire de la spécialisation. La gestion des sinistres d'assurances au meilleur coût pour les compagnies, la recherche et le courtage boursier pour tous les gestionnaires de capitaux en sont des exemples parmi d'autres. Les technologies de l'ordinateur personnel et de l'Internet permettront de rebâtir sur un terrain vierge des ensembles de services financiers avec un meilleur rapport performance/coût. Les opérateurs de services en ligne dans la banque, l'assurance et le courtage traversent aujourd'hui une période de désenchantement à la mesure des perspectives démesurées qu'ils avaient vendues aux marchés. Il ne fait aucun doute qu'ils repartiront de l'avant, peut-être plus vite que prévu, avec des aménagements qui les rendront plus séduisants encore aux internautes les moins agiles. Le risque seul fixe la limite que ne peuvent franchir les artisans de la finance. Faire crédit, prendre des positions, souscrire un engagement d'assurance, garantir le placement de titres, voilà des activités qui requièrent du capital engagé en connaissance de cause par des associés.

L'un des malentendus des années 1980, notamment en France, fut un certain foisonnement de nouveaux financiers qui ne respectèrent pas cette règle et prirent avec de faibles moyens des risques exorbitants. On vit dans la nébuleuse du Crédit lyonnais ou encore dans la mouvance de Carlo de Benedetti, l'étoile des nouveaux capitaines d'industrie de l'époque, des équipes surgies d'on ne sait où, plus affairistes qu'entrepreneurs, mais qui donnèrent l'illusion d'un renouvellement de l'industrie financière. Ce fut en réalité le temps des faiseurs et des faisans qui coûtèrent souvent cher à ceux qu'ils avaient séduits.

Ces faux départs ne doivent pas décourager les meilleurs, forts d'un vrai savoir-faire, de créer l'entreprise indépendante qui le valorise s'ils peuvent en limiter les risques aux moyens qu'ils auront réunis. Rien n'est plus prometteur que le pacte social fondateur d'une nouvelle maison qui associe, dans la transparence, un vrai projet, un entrepreneur exigeant et des actionnaires lucides. Dans le paysage français des dix dernières années, de vieilles familles financières ont aussi montré une capacité de renouvellement exceptionnelle. Le plus récent chapitre de la saga Rothschild a été écrit par David qui fit renaître cette maison et l'impose aujourd'hui en France, en Europe et ailleurs dans le conseil aux entreprises et de plus en plus dans la gestion de fortune. Avec la maison cousine de la Compagnie financière, sous la direction de Michel Cicurel, les Rothschild, avec l'atout il est vrai du nom et du réseau, ont retrouvé par l'effort et le savoir-faire des équipes de grand talent qu'ils ont su attirer à eux une position sur la place supérieure à celle qu'ils avaient perdue en 1981. Dans un registre différent, Philippe Oddo, reprenant le flambeau familial du courtage en bourse, a bâti une petite banque d'investissement remarquablement active dans les introductions en bourse et la gestion de capitaux pour laquelle il a su trouver des actionnaires solides, tout en maintenant farouchement son indépendance. De nouvelles maisons émergent aussi par l'audace d'un banquier d'affaires né, comme Christian Giacomotto, ou par la qualité de la recherche telle Exane, aujourd'hui la meilleure, ou dans la gestion comme celles constituées par Alain Wicker.

Il est de l'intérêt des firmes bien établies de favoriser ces créations et ces développements. Ils alimentent un courant de transactions qui nourrissent la place tout entière. Nul n'a plus bénéficié, avec quelques émotions parfois, des *hedge funds* que les banques d'investissement d'où venaient leurs promoteurs. Les banques comme les compagnies d'assurance pourraient même trouver intérêt à filialiser certaines activités et à les confier à des équipes entreprenantes qui, sans cela, les quitteront un jour ou l'autre. Bien sûr il faudra leur laisser prendre une part de capital, ce qui n'est pas aisé à justifier aux yeux des autres. Mais ne vaut-il pas mieux que ces jeunes pousses grandissent à leur ombre plutôt qu'à celle d'un autre ?

La Banque de France, grand régulateur de la place de Paris, doit aussi encourager de telles initiatives et savoir, selon la nature des risques, dépasser sa doctrine très protectionniste de l'adossement des petits aux grands. Avec l'avènement de l'euro et l'affaiblissement de son rôle dans la politique monétaire, elle pourra consacrer davantage de moyens et d'attention à la valorisation de l'industrie financière nationale. Puisse-t-elle le faire avec une vision large et hardie, en favorisant, peut-être même en suscitant de nouvelles entreprises ou de nouveaux développements d'où émergeront les forces de demain à l'échelle du marché de l'Euroland ! La sécurité de nos banques et de nos compagnies d'assurance est un impératif majeur, le renouvellement du tissu professionnel, de sa technologie, de son savoir-faire est aussi un gage de vitalité et donc une source de progrès pour tous.

Noël 2001

Bibliographie

De nombreuses informations relatives aux banques et aux compagnies d'assurance ont été recherchées ou vérifiées dans les rapports annuels des établissements et dans les rapports officiels des autorités de place : Conseil national du Crédit, Commission bancaire ; et des organisations professionnelles, dont la Fédération française des Sociétés d'assurance.

Ouvrages sur la banque et l'assurance

BURGARD (Jean-Jacques), « La Banque en France », Fondation nationale des Sciences politiques, Paris, Dalloz, 1988.

JUVIN (Henri) et autres, *La Banque aux Risques du Marché – les Djinns*, 1992.

LACOUE-LABARTHE (Dominique), « La Banque en France », *Privatisation, Restructuration et Consolidation*, Paris, Économica, 2001.

NOYER (Christian), *Banque : la règle du jeu*, Paris, Dunod, 1990.

YEATMAN (Jérôme), *Manuel international de l'Assurance*, École nationale de l'Assurance, Économica, 1998.

Banques et fonds d'investissements

AUGAR (Philip), *Death of gentlemanly Capitalism*, Londres, Penguin, 2000.

BONIN (Hubert), *Suez, du Canal à la Finance*, Paris, Économica, 1987.

COTTA (Alain), *Wall Street ou le Miracle américain*, Paris, Fayard, 1999.

LOWENSTEIN (Roger), *When Genus failed : the Rise and Fall of long Term Capital Management*, New York, Random House, 2000.

MOUSSA (Pierre), *La Roue de la Fortune*, Paris, Fayard, 1989.

REICH (Cary), *Un Financier de Génie : André Meyer*, Paris, Belfond, 1986.

SABOURET (Anne), *MM. Lazard Frères & Cie*, Paris, Olivier Orban, 1987.

WASSERSTEIN (Bruce), *Big Deal*, New York, Warner Books, 2001.

WECHSBERG (Joseph), *The merchant Bankers*, Londres, Weidenfeld Johnson, 1967.

Autres ouvrages cités

COTTA (Alain), *L'Exercice du Pouvoir*, Paris, Fayard, 2001.

GALBRAITH (JFK), *A short Story of financial Euphoria*, Londres, Penguin, 1990.

MORIN (Jean), Souvenirs d'un banquier français, 1875-1947, Paris, Denoël, 1983.

www.ingramcontent.com/pod-product-compliance
Lightning Source LLC
LaVergne TN
LVHW050853051026
849532LV00006BA/2223